창의·인성·감성을 키우는
이야기 교실 연극

창의·인성·감성을 키우는

이야기 교실 연극

1판 1쇄 발행일 2018년 11월 19일
글 김선민 **펴낸곳** (주)도서출판 북멘토 **펴낸이** 김태완
편집장 이미숙 **편집** 김정숙, 오지숙 **본문 일러스트** 김수정
디자인 안상준 **마케팅** 이용구, 민지원
출판등록 제6-800호(2006. 6. 13.)
주소 03990 서울시 마포구 월드컵북로 6길 69(연남동 567-11), IK빌딩 3층
전화 02-332-4885 **팩스** 02-332-4875 **이메일** bookmentorbooks@hanmail.net

ISBN 978-89-6319-283-3 03370

창의·인성·감성을 키우는

이야기 교실 연극

김선민 지음

북멘토

이 책을 읽는 교사들에게

교실 연극은 연극의 교육적 가치를 교실 공간에서 수업의 형식으로 실현하는 학생 중심의 예술 교육입니다. 아이들을 가르쳐 본 경험이 있는 교사라면 연극의 교육적 가치를 잘 알 것입니다. 연극은 교육 현장에서 다양하게 응용되고 있지만 교실이라는 공간과 수업이라는 교육의 과정을 충분히 고려하지 않은 경우가 많아 아쉽기도 했습니다.

교사로, 작가로, 연구자로, 나름 연극인으로 30여 년 교육 현장에 있으면서 교실 연극에 대해 많이 들었던 말은 '세상에서 제일 좋은 수업'이 아니라 '세상에서 제일 힘든 수업'이었습니다. 곰곰이 그 이유를 생각해 보니 그것은 연극을 할 무대와 조명이 없어서도, 연극에 대한 전문적인 지식이나 능력이 부족해서도 아니었습니다. 그것은 단지 극본을 구하기가 어렵기 때문이었습니다. 교과서의 연극 단원을 펼쳐 보면 이 말을 이해할 수 있을 것입니다. 이 책은 그러한 어려움을 보완하고자 실제 교실 연극에서 활용할 수 있는 극본들을 엮었습니다. 또, 학생들이 직접 교실 연극의 극본을 만들 수 있는 방법도 제시해 두었습니다.

이 책을 쓰면서 30여 년 전 아이들과 함께했던 기억의 조각들이 떠

올랐습니다. 무대를 꾸미는 재료는 크레파스와 색연필이 전부였던 시절. 그 시절에도 60여 명이나 되는 아이들이 단 한 명도 소외되지 않고 저마다 역할을 맡아 극본과 배역에서부터 무대, 소품, 분장, 음악, 조명, 효과, 그리고 홍보까지 모든 과정을 거뜬히 소화해 냈었습니다.

낡은 책상과 의자뿐인 교실이 축제의 공연장이 되는 순간을 잊을 수 없습니다. 그런 순간들을 구식 영상 기기로 기록하고 낡은 비디오테이프에 담아 아이들에게 전해 주기도 했었습니다. 여전히 생생하고 소중한 이 모든 기억들이 교실 연극에 더욱 큰 애착을 갖게 해 주는 이유입니다.

이 책의 일차적인 독자는 현장의 교사이겠지만, 궁극적으로는 학생들이 읽게 되기를 바랍니다. 꼭 학교의 교실이 아니더라도, 반드시 공연을 목적으로 하지 않더라도 학생들과 함께 이 책을 소리 내어 읽기를 권합니다. 그러면 30년 전의 낡은 비디오테이프에 담긴 해맑은 아이들의 웃음소리처럼 반짝반짝 빛나는 소리들이 그 공간을 가득 메울 것입니다.

이 책을 읽는 학생들에게

어느 곳이든 교실이 될 수 있습니다. 배움이 있고 배움의 즐거움을 나눌 수 있다면 바로 그곳이 교실입니다. 또한 어떤 일이든 연극으로 만들 수 있습니다. 일상생활 속에서 마주하는 수많은 일들은 우리들의 이야기이고, 그 이야기는 바로 연극이 될 수 있습니다.

교실 연극은 우리의 일상생활에 관한 행복한 상상을 즐거운 배움의 교실로 만들기 위한 활동입니다. 이 책에 담은 이야기 교실 연극은 행복한 상상이 가득한 교실 연극의 좋은 극본이 될 것입니다. 교실에서 선생님과 친구들이, 집이나 여행지에서는 가족들이 연극의 등장인물이 되어 행복한 상상의 나래를 펼쳐 보세요. 다시 태어나지 않아도 다른 사람이 될 수 있고, 마술을 부리지 않아도 『어린 왕자』의 여우나 조선의 임금 세종 대왕이 될 수 있습니다.

무엇보다 소리를 내어 읽는 것이 중요합니다. 이 책에 실린 극본을 소리 내어 읽는 것만으로도 더 많은 상상력과 창의력을 발휘할 수 있습니다. 친구와 가족이 각각의 등장인물을 맡아 함께 읽으면 더 큰 기쁨과 행복이 만들어질 것입니다. 나아가 함께 연극을 준비하며 극본을 쓰고, 소품을 만들고, 무대를 꾸미고, 악기나 영상 기기를 다뤄 보는 등

6

흥미로운 활동도 경험해 볼 수 있습니다.

제가 확신하건대 이 책은 여러분의 모습을 새롭게 바꾸어 줄 것입니다. 여러분을 둘러싼 자연과 온갖 사물이 이전과 다른 모습으로, 행복하고 재미있는 일상으로 다가오게 될 테니까요. 그래서 지금까지보다 훨씬 더 가치 있는 시간으로 여러분 자신을 채우게 될 것입니다. 지금 바로 책장을 넘겨 이야기 교실 연극의 극본을 펼쳐 보세요. 그리고 가장 먼저 보이는 글을 소리 내어 읽어 보세요.

차례

1부 창의·인성·감성을 키우는 교실 연극 수업 과정

2부 교실 연극 수업을 위한 이야기 극본

창의·인성·감성을 키우는
교실 연극 수업 과정

교실 연극은 교실이라는 제한된 공간과 주어진 수업 시간 안에서 이루어지는 학생 주도적 협동 학습이다. 따라서 교실 연극은 학생들의 창의·인성·감성을 함양할 수 있을 뿐 아니라 진로 지도까지 가능한 교과 융합 교육이다.

　교실 연극은 교육을 위해 놀이의 개념으로 연극을 도입한 '교육 연극'과 구분된다. 연극을 실행하는 과정과 방법 자체가 다르다. 교실 연극은 교실의 학급 구성원들이 주체이며 대상이기 때문에 학생들이 연극을 만들어 가는 주인공이자 관객이 된다. 전문적인 지식이나 능력이 없어도 누구나 연극에 참여하여 공연을 기획하고 공연할 수 있다. 또한 관객으로서 스스로 평가하고 반성하며 새로운 가치를 창출할 수 있다.

　교실 연극은 아동을 위해 어른들이 만든 연극인 '아동극'과도 구분이 된다. 아동극은 시설이 잘 갖추어진 곳에서 상업적인 목적으로 공연되는 경우가 대부분이다. 많은 시간과 비용을 들이는 것은 물론이고 오랜 기간 숙련된 배우들에 의해 이루어지기 때문에 학생들이 연극을 만드는 주체자로서의 구성원이 되기 어렵다.

・교실 연극은 극본에서 공연에 이르기까지 모든 과정이 학생들의 주도적 협업에 의하여 이루어진다. 이 과정에서 학생들은 서로 소통하고 존중하고 배려한다. 토론과 협상을 통하여 자신의 생각과 의견을 상대방에게 효과적으로 전달할 수 있는 설득력을 발휘하고, 더 좋은

의견이 무엇인지 판단하여 상대방의 의견을 겸허히 받아들이는 상호 존중의 정서를 형성하게 된다.

• 교실의 모든 구성원이 등장인물이 되기도 하며, 극본 창작은 물론 연출, 무대 제작, 소품, 조명, 분장, 의상, 홍보 등의 모든 활동에 참여하게 된다.

• 연극을 하기 위한 작품 선정 과정에서의 독서 활동, 새로운 작품을 창작하는 글쓰기 활동, 무대에서 공연하기 위한 말하기 활동, 공연을 감상하는 듣기 활동, 관객에게 의미를 정확하게 전달하기 위한 바른 언어 사용과 정확한 발음 구사 등은 국어 교육의 모든 언어 사용 역량 및 문화적 역량을 극대화한다.

• 학생들은 등장인물이 되어 자신이 경험해 보지 못했거나 경험하고 싶었던 사건이나 상황을 간접적으로 체험할 수 있다. 이를 통해 자신을 되돌아보고 자신의 과거와 미래에 대해 성찰해 볼 수 있게 된다. 또한 타인의 경험과 삶을 체험해 봄으로써 상대방을 이해하게 된다.

• 공연을 준비하는 과정은 모든 교과의 단원과 활동이 유기적으로 연결되는 융합 교육의 총체이다. 작품 분석·창작·각색 등은 문학, 사회, 과학 등의 교과 융합이며, 무대·소품·분장·의상·효과·음향을 준비하는 과정은 과학, 미술, 음악 등의 교과 융합이고, 표정·동작·율동의 과정은 체육, 음악 등의 교과 융합이다.

결과적으로 교실 연극의 과정은 모든 교과의 지식과 경험을 총체적으로 융합하여 수행할 수 있는 가장 흥미진진한 수업이다.

교실 연극의
수업 과정

❶ 극본 만들기

❽ 소품 만들기
❾ 의상 만들기

❿ 음향 준비하기
⓫ 조명 준비하기
⓬ 효과 준비하기

⓭ 분장하기

⓮ 연극 공연 알리기

❷ 극본 읽기
❸ 등장인물의 성격 파악하기

❹ 배역 정하기

❻ 무대 만들기
❼ 무대 꾸미기

❺ 공연 연습하기

⓯ 연극 공연하기

⓰ 공연 영상 제작하기
⓱ SNS로 소통하기

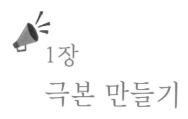

1장
극본 만들기

극본은 연극의 시작이며 끝이라고 해도 과언이 아니다. 극본이 없이는 연극을 할 수 없을 뿐더러 어떤 극본으로 연극을 하는가에 따라 성공과 실패가 갈릴 수도 있기 때문이다. 좋은 극본을 만들기 위해서는 고민에 고민을 거듭해야 한다.

교실 연극의 극본을 정하기 위해서는 몇 가지 고려해야 할 점이 있다. 첫째, 무대, 객석, 연습의 공간이 교실이라는 것. 둘째, 교육 과정의 주어진 시간 안에 모든 과정이 이루어질 수 있는 분량과 내용이어야 한다는 것. 셋째, 연극을 처음 경험하는 학생들 스스로 모든 과정을 수행할 수 있는 형식이어야 한다는 것.

20명 내외의 학급 기준으로 등장인물은 4~5명, 공연 시간은 10분 내외로 하는 것이 적당하다. 교실을 무대와 객석으로 구분하여 한 시간 내에 4~5모둠이 공연하는 것으로 하면 된다. 한 등장인물이 전체 대사의 30퍼센트를 초과하지 않으며, 하나의 대사를 실감나게 말하는 데에 걸리는 시간은 5초 전후, 한 사람의 대사가 10회 내외이면 가장 좋다.

그러나 이런 조건을 만족하는 극본을 구하기란 쉽지 않다. 대부분의 희곡 작품은 일정 규모의 공연장에서 전문 배우들 및 스태프에 의해 공연되는 한 시간 내외의 분량으로 창작되기 때문이다. 기존의 연극 대본을 사용하거나, 다른 장르의 문학 작품을 각색하는 경우에는 앞서 말한 조건을 충족시키도록 내용을 첨삭하면 된다. 새로운 작품을 창작할 때에도 교실 연극에 적합한 형식과 분량으로 구성해야 한다.

1. 극본 구하기

우선, 기존의 희곡 작품을 교실 연극에 적합한 수준과 내용으로 재구성할 수 있다. 기존 작품들은 내용이나 형식이 적합하지 않거나 분량이 너무 길어서 공연에 적당하지 않은 경우가 많으므로 작품의 일부분만 떼어 내 다듬는 과정을 거쳐야 한다. 또, 영화나 드라마, 만화 등 극본과 같은 형식의 다른 작품들도 많다. 이 중에서 학생들이 교실에서 친구들과 함께 연습하고 공연하기에 적합한 내용의 작품을 선정하면 된다.

그런데 영화나 드라마, 만화 등의 작품 대본은 구하기가 쉽지 않다. 간혹 책으로 출판된 경우도 있지만, 대본을 구하기 어려운 경우 해당 작품의 일부를 각색하여 공연한다. 이 경우 원하는 영화, 드라마, 만화를 학생들이 직접 감상한 후에 자신들이 공연하고 싶은 부분을 골라 극본으로 만들어야 한다.

지후네 모둠은 연극 단원 수업의 작품을 고르기 위해 이야기를 주고받았습니다. 지후네 모둠은 다섯 명입니다. 구성원 모두가 참여할 수 있고, 수업 시간 중에 준비와 연습을 할 수 있으며, 다른 모둠과 함께 교실에서 공연할 수 있는 작품을 찾기 위해 토의를 하였습니다.

지후는 전에 읽어 보았던 셰익스피어의 희곡 『로미오와 줄리엣』을 소개했습니다. 은정이는 전에 극장에서 보았던 만화 영화 〈하울의 움직이는 성〉에 대하여 이야기했습니다. 찬우는 우리나라의 고전 소설 『흥부전』을 추천하였습니다. 진서와 유민이는 친구들의 이야기를 듣고 좋은 작품에 따르기로 하였습니다.

좋은 작품을 추천하였지만 작품을 어떻게 구할 것인지에 대한 고민이 생겼습니다. 〈하울의 움직이는 성〉은 대본을 구하기가 어려울 것이라는 생각에 의견이 모아졌습니다. 또, 『흥부전』은 대본 형식으로 일일이 각색해야 하는 데 반해 『로미오와 줄리엣』은 본디 희곡이고 작품도 구하기 쉽기 때문에 연극 수업 시간 중에 충분히 연습하고 준비해서 공연할 수 있다고 생각하였습니다. 마침 학교 도서관에도 책이 있어서 빌릴 수 있었습니다.

2. 극본의 내용 줄이기

희곡 작품은 대부분 장편으로 구성되어 있어 교실에서 정해진 시간에 학생들이 공연하기에는 분량이 너무 많다. 작품을 선정했다면 교실 연극에 맞게 내용을 줄이는 작업이 가장 먼저 필요하다. 또한 작품을 컴퓨터 파일 형식으로 얻기는 정말 쉽지 않기 때문에 공연을 하려는 구성원들이 작품을 읽으면서 필요한 부분을 따로 쓰는 것이 가장 효과적이다. 영화, 드라마, 만화 등 영상으로 되어 있는 작품은 함께 작품을 감상하면서 필요한 부분의 대사를 써 내려가면 된다.

지후가 추천하고 모둠이 의견을 나누어 결정한 셰익스피어 원작의 『로미오와 줄리엣』을 찾아 같이 읽어 보았습니다. 생각보다 작품의 길이가 길어서 수업 시간 중에 전체 내용을 공연하기는 어렵다고 판단했습니다. 그래서 모둠원이 다 참여하고 교실에서 연습과 준비를 충분히 할 수 있는 부분을 골라서 내용을 줄여 보기로 하였습니다.

친구들과 함께 작품을 다 읽어 보았기 때문에 어떤 부분이 제일 재미있고, 또 함께 연극으로 공연하기에 좋을지에 대하여 의견을 나누었습니다.

은정이는 로미오가 줄리엣에게 사랑을 고백하는 장면을 넣자고 하였습니다. 찬우는 로미오 가문과 줄리엣 가문의 형제가 결투를 하는 장면을 넣자고 하였습니다. 유민이는 로미오 가문과 줄리엣 가문이 서로 화해하는 장면을 넣자고 하였습니다. 지후는 로미오와 줄리엣이 처음 만나는 장면을 넣자고 하였습니다. 진서는 로미오의 죽음을 보고 줄리엣도 따라 죽는 장면을 넣자고 하였습니다.

일단 지후네 모둠은 친구들이 추천한 장면들을 모두 모아 하나로 이어 보았습니다. 그랬더니 원래의 작품보다 길이가 많이 줄었습니다. 하지만 공연을 하기에는 여전히 길게 느껴졌습니다. 게다가 이야기의 줄거리가 서로 이어지지 않고 끊기는 느낌도 들었습니다.

3. 극본 다듬기

작품을 선정하고 내용을 필요한 만큼 줄인 후에는 공연 시간에 적합한 분량인지, 줄이고 남은 대사가 작품의 주제를 전달하기에 적절한지, 공연을 하기 위해 준비하는 과정이 너무 어렵지 않은지 등을 고려하여 작품을 다듬어야 한다. 불필요한 무대 장치가 있거나 소품, 의상 등이 많아서 공연 자체보다 이런 것들을 준비하는 과정이 더 복잡하고 어렵다면 시간을 효율적으로 쓸 수가 없으므로 가급적 준비 과정을 단순하게 줄이는 게 좋다.

지후네 모둠은 극본의 길이를 더 줄이고 내용도 자연스럽게 이어지도록 다듬기로 하였습니다. 먼저 친구들이 제안한 내용 중에서 더 줄일 수 있는 내용은 무엇인지 의견을 나누어 보았습니다. 또, 작품 전체의 내용을 다 전달하기보다는 중요한 한두 장면을 선택해서 공연하는 것은 어떤지에 대한 의견도 나누었습니다.

예를 들어 로미오와 줄리엣이 처음 만나는 장면과 둘이 죽음을 맞게 되는 장면만 공연하는 경우, 또는 로미오 가문과 줄리엣 가문의 형제들이 결투를 하는 장면과 두 가문이 화해를 하게 되는 장면만 공연하는 경우 등이었습니다.

정해진 수업 시간에 준비와 연습을 하고 다른 모둠의 작품들까지 함께 공연할 수 있는 적당한 길이의 작품을 만들기 위해서 지후네 모둠은 로미오와 줄리엣이 처음 만나 사랑에 빠지는 장면과 죽음을 맞이하는 장면, 그리고 두 가문이 서로 화해하게 되는 장면, 이렇게 세 장면으로 작품을 다듬어 보기로 하였습니다.

4. 극본 창작하기

이전에 없던 새로운 작품을 만들어 낼 수도 있다. 개인의 창작물을 친구들에게 소개하거나 공동 창작의 과정을 거쳐서 극본을 만든다. 공연 시간 10분 내외의 극본 분량은 A4 5쪽 내외면 충분하다. 한두 가지의 사건과 장면을 중심으로 극본을 창작하면 된다.

학생들의 수준에 맞고 다수가 공감하는 문학 작품을 극본의 형식으로 바꾸는 것도 좋은 방법이다. 이렇게 하면 기존의 연극 극본에 국한되지 않고 훨씬 더 많은 작품들에서 영감을 얻을 수 있다. 자신이 읽었던 책을 친구들에게 소개하고 그중에서 다수의 공감을 얻은 작품을 선정하여 협동 창작의 형태로 글의 형식을 바꾼다면 훨

류한 극본을 만들어 낼 수 있을 것이다.

지후네 반은 연극 단원 수업을 문학 작품 감상, 글쓰기 수업과 통합하여 진행하기로 하였습니다. 연극 수업만으로는 교실에서 연습과 준비를 하여 공연하기까지 시간이 부족할 것 같다는 반 전체의 의견에 따른 것입니다. 실제로 정해진 수업 시간에 학생들이 연극의 재미를 느끼고 연극의 교육적인 효과를 누리기 위해서는 다른 수업 시간과 통합하는 것이 좋습니다.

선생님은 국어 수업 시간을 재구성하여 연극 수업을 더 재미있고 유익한 시간으로 만들어 보기로 하였습니다. 그래서 시, 소설, 동화, 수필, 기행문 등 국어 수업 시간에 접할 수 있는 문학 작품들을 연극 공연에 활용할 수 있는 극본 형태로 바꾸어 보는 수업을 진행했습니다.

먼저 지후네 반의 여러 모둠은 어떤 형식의 글을 극본으로 바꿀 것인지에 대해 의논하였습니다. 찬우네 모둠은 시를 극본으로 바꾸어 보기로 하였습니다. 은정이네 모둠은 소설이나 동화를 극본으로 바꾸어 보기로 하였습니다. 민수네 모둠과 지후네 모둠도 동화를 극본으로 바꾸기로 결정하였지만, 서로 다른 형식의 글을 극본으로 바꾸어 보고 그것이 어떻게 연극 작품으로 표현되는지를 경험해 보면 좋겠다는 선생님의 의견을 듣고 지후네는 수필을 극본으로 바꾸어 보기로 했습니다.

시를 극본으로 창작하기

자신이 알고 있는 시 또는 교과서에 실린 시를 극본으로 바꾸어 쓸 수 있다. 시는 짧은 글이지만 많은 이야기를 담고 있다. 마치 한 폭의 수채화처럼 그림이나 영상을 보는 듯한 느낌을 갖게 하기도 한다. 따라서 시를 읽으면서 얻은 느낌이나 생각을 극본으로 표현할 수 있다. 또, 시에서 얻은 영감으로 새로운 내용을 상상하여 쓸 수도 있다.

시를 극본으로 바꾸기로 한 찬우네 모둠은 유명한 시인이 쓴 작품보다는 자신들의 생각과 마음을 잘 표현할 수 있는 친구들의 작품을 찾기로 하였습니다. 마침 도서관에는 졸업한 선배들이 남기고 간 졸업 문집이 있었습니다. 바로 그 문집에서 극본의 형식으로 바꾸기 좋은 재미있는 작품 하나를 발견하였습니다.

저 언덕 너머에는

김은비

저 언덕 너머에는

거인이 잠자고 있을 거야 아마도

매일 아침 콧바람이

내 머리칼을 스치니까

저 언덕 너머에는

화가가 살고 있을 거야 아마도

매일 저녁 푸른 하늘을

곱게 물들이니까

저 언덕 너머에는

부자가 살고 있을 거야 아마도

매일 밤 금가루를

밤하늘에 뿌리니까

    찬우네 모둠은 이 작품을 극본 형식으로 바꾸기로 하고 이야기를 나누었습니다. 찬우네 모둠은 모두 다섯 명입니다. 그래서 역할을 분담하기로 하였습니다. 시는 3연으로 구성되어 있어서 세 명이 한 연씩을 맡아 극본으로 바꾸기로 하였고, 나머지 두 명은 뒤에 이어질 내용을 더 생각해서 극본 형식으로 써 보기로 하였습니다.

    우선, 도연이가 시의 1연을 극본 형식으로 바꾸었습니다.

저 언덕 너머에는

때 : 어느 여름날
곳 : 거인·화가·부자가 사는 언덕
나오는 이 : 소녀, 거인, 화가, 부자

저 언덕 너머에는

거인이 잠자고 있을 거야 아마도

매일 아침 콧바람이

내 머리칼을 스치니까

[거인이 사는 언덕]

거인이 언덕 위에 있는 커다란 돌에 누워 자고 있고, 언덕
아래 나무 밑에 소녀가 서 있다.

거인 : 드르렁, 푸…… 드르렁, 푸……. (무언가 맛있는 음식을 먹
　　　는 꿈을 꾸는 듯 잠꼬대를 한다.) 냠냠냠…… 어허, 맛있
　　　다…….

소녀 : (거인이 코로 숨을 내쉴 때마다 소녀의 긴 머리칼이 바람
　　　에 흩날린다.) 아이, 시원해. 이런 여름날에 시원한 바람
　　　이 불어오니까 정말 기분이 좋다.

거인 : (자다가 코를 후비더니 재채기를 한다.) 에, 에, 에취!

소녀 : (갑자기 거세진 바람에 몸이 뒤로 밀리며 휘청인다.) 어, 어,

갑자기 바람이 세게 부네. 어디서 이런 바람이 부는 거지?

거인 : (잠에서 깨어나 주변을 두리번거린다.) 누가 내 단잠을 깨

운 거야?

소녀 : (머리칼을 만지면서) 바람이 멈췄네. 시원한 바람이 좀 더

불면 좋겠는데…….

거인 : (언덕 아래 소녀를 본다.) 저 쪼끄만 녀석이 날 깨운 거야?

고얀 녀석 같으니라고!

소녀 : 바람아, 시원한 바람아! 어서 불어와 날 좀 시원하게 해 주렴.

거인 : 뭐야? 나한테 하는 말이야? 쪼끄만 녀석이 건방지게…….

그렇다면 내가 콧바람으로 널 날려 보내 주마. (한쪽 콧구멍

을 막고 다른 콧구멍으로 바람을 세게 불어 보낸다.) 흥!

소녀 : (거센 바람에 몸을 가누기 힘들 정도로 흔들린다.) 어,

어, 이렇게 센 바람을 바란 게 아닌데……. 몸이 날아갈

것 같아…….

거인 : 히히히, 내 콧바람에는 못 견딜걸! 더 세게 불어 주마. 에

에잇, 흥!

소녀 : 어어어어어, 날아간다, 날아가……. (무대 뒤로 사라진

다.)

준수는 2연을 극본 형식으로 바꾸었습니다.

저 언덕 너머에는

화가가 살고 있을 거야 아마도

매일 저녁 푸른 하늘을

곱게 물들이니까

[화가가 사는 언덕]

빨간 빵모자를 쓴 화가가 한 손에는 팔레트, 한 손에는 붓을 들고 언덕 위에서 허공에 그림을 그리고 있다.

화가 : (허공을 향해 크게 그림 그리는 시늉을 하며) 세상은 모두 나의 캔버스! 나는 세상을 아름답게 색칠하지.

소녀 : (하늘을 나는 듯한 동작을 하며 언덕 아래로 등장한다.) 어어어, 내가 날고 있어. (멈춰 서서 주변을 두리번거린다.) 여긴 어디지? 나무와 꽃들과 하늘의 색이 너무나 아름다워.

화가 : (갑자기 나타난 소녀를 보고 깜짝 놀란다.) 아니, 저 조그만 소녀는 누구지? 갑자기 어디서 날아온 거야?

소녀 : (주위를 이리저리 돌아다닌다.) 여긴 정말 아름다워. 누가 이렇게 아름다운 색으로 그림을 그려 놓은 걸까?

화가 : (소녀를 향해 잘난 척하며) 누구긴? 바로 나지. 세상을 아름답게 그리는 화가가 바로 나라고!

소녀 : (하늘을 쳐다보며) 저 파란 하늘 좀 봐!

화가 : (소녀의 말에 귀를 기울이는 시늉을 하다가) 하늘이 왜? 파란 하늘이 어때서?

소녀 : 저렇게 하늘이 파란 이유는 뭘까?

화가 : 뭐긴 뭐야, 내가 실수로 파란 물감통을 쏟아 버려서 그렇지.

소녀 : 저 파란 하늘이 제일 예뻐.

화가 : 뭐라고? 내가 실수로 물감을 쏟아서 그렇게 된 건데 제일 예쁘다고? 아이쿠야…….

소녀 : (졸린 듯한 표정을 짓는다.) 너무 많이 돌아다녔더니 피곤하네. 아함……. (하품을 하고는 나무 아래에서 잠이 든다.)

서인이는 3연을 극본 형식으로 바꾸었습니다.

저 언덕 너머에는
부자가 살고 있을 거야 아마도
매일 밤 금가루를
밤하늘에 뿌리니까

[부자가 사는 언덕]
언덕 위에서 부자가 금화를 잔뜩 쌓아 놓고 하나씩 세고 있

다. 언덕 아래 나무 밑에서는 소녀가 자고 있다.

소녀 : (잠에서 깬다.) 내가 깜빡 잠이 들었네. 어, 벌써 밤이 됐잖아?

부자 : (금화를 세다가 소녀의 목소리에 깜짝 놀라 주위를 둘러

　　　본다.) 누, 누구야? 누가 내 금화를 탐내는 거야?

소녀 : (밤하늘을 바라본다.) 밤하늘에 별이 참 많구나. 반짝반

　　　짝 빛나는 것이 마치 금가루를 뿌려 놓은 것 같아.

부자 : 뭐라고? 금가루? 아냐, 아냐. 그건 내가 평생 모은 금화

　　　야. 다 내 거라고.

소녀 : (하늘을 향해 손을 뻗으며) 하나만 딸 수 있으면 좋겠다.

부자 : (소녀의 손을 뿌리치는 듯한 행동을 하면서) 안 돼, 안 돼!

　　　다 내 거라니까!

　　한솔이와 유진이는 뒤에 이어질 내용을 생각해 극본으로 써
보았습니다.

　　[소녀의 집 마당]

소녀 : (잠에서 깨어나 꿈을 꾼 듯한 표정으로 주위를 두리번거

　　　리다 먼 언덕을 가리킨다.) 저 언덕 너머에는 거인이 살

　　　고, 화가가 살고, 부자가 살고 있을 거야. 그러니까 시원

　　　한 바람이 불어오고, 하늘은 파랗고, 밤하늘은 온통 별

이 가득하지. 셋 중에 누가 제일 좋은가 하면…… 음……
고민이네. 누가 제일 좋은지 결정을 못 하겠어.

언덕 위에서 거인, 화가, 부자가 소녀의 말을 엿듣고 있다가
서로 앞다투어 소녀의 앞에 나타난다.

소녀 : (갑자기 나타난 셋을 보고 깜짝 놀란다.) 누, 누구세요?
　　　여긴 어떻게…….

부자 : (손에 들고 있던 금화를 뿌린다.) 밤하늘에 반짝이는 빛
　　　을 뿌린 게 누구게? 밤하늘을 저렇게 아름답게 수놓은
　　　이가 누구냐고? 바로 나야, 나!

화가 : (부자를 밀치고 소녀의 앞으로 나선다.) 하늘이 있으니 별
　　　도 볼 수 있는 거지. 그럼, 시리도록 파란 하늘을 만든 건
　　　누굴까? 그건 바로 나라고!

거인 : (화가와 부자의 뒤에서 뒷짐을 지고 있다가 큰소리로 헛
　　　기침을 하며) 어험, 여름날의 더위를 시원하게 식혀 주는
　　　바람은 다 내가 만든 거야. 사람들이 얼마나 고마워하는
　　　지, 꼬맹이 너도 잘 알지? 그러니까 셋 중에서 내가 제일
　　　이지.

화가·부자 : (서로 밀치며) 아냐, 내가 제일이야. 무슨 소리! 내가
　　　제일…….

소녀 : 그만하세요! 세상이 아름다운 건 바로 거인님, 화가님,

　　　부자님이 모두 계셔서 그런 거예요. 세상을 더 아름답게

　　　만들려면 세 분이 서로 도와야 해요.

거인·화가·부자 : (소녀의 말에 고개를 끄덕인다.) 그건 그래.

소녀 : 그러니까 다투지 말고 함께 더 아름다운 세상을 만들어

　　　가기로 해요. 더 푸른 하늘과, 더 반짝이는 별과, 더 시

　　　원한 바람을요.

거인·화가·부자 : 그래, 그러자. 우리 다 같이 아름다운 세상을

　　　만들어 가자. 하하하……!

　　모두 같이 행복하게 웃으며 막이 내린다.

　찬우네 모둠은 서로 협력해서 시를 극본으로 재미있게 바꾸
었습니다. 극본을 하나로 모으고 함께 다듬어서 공연을 준비
하고 연습할 수 있게 되었습니다.

소설이나 동화를 극본으로 창작하기

　학생들이 좋아하는 이야기들은 대개 어렵지 않게 극본 형식으로
바꿀 수 있다. 학생들이 읽은 이야기 중에서 어떤 이야기가 교실 연
극으로 활용하기에 가장 좋은지 의논하여 작품을 결정하고, 함께
극본으로 바꾸어 본다.

　극본으로 바꾸어 표현할 동화는 공연하는 모둠 구성원들의 동기

를 유발하고 모두가 재미있게 활동할 수 있으며, 관람하는 친구들도 흥미 있게 볼 수 있는 것으로 선정한다. 너무 긴 이야기는 구성원들이 의논하여 공연하기에 알맞게 내용의 일부를 선택한다. 동화의 내용을 그대로 대사 형식으로 바꾸어 내용을 온전히 전달하는 것도 좋지만 구성원들의 상상력과 창의력을 더해서 더 재미있는 극본을 만들어 보는 것도 좋다.

    은정이네 모둠은 극본 형식으로 바꿀 동화책을 선정하기 위해서 자신이 읽었던 동화 중에 연극으로 공연하기에 좋은 작품이 어떤 것이 있는지 의견을 주고받았습니다. 한 사람만 읽은 것보다는 여러 친구들이 재미있게 읽었고 공연하기에도 좋은 작품으로 선정하자고 의견을 모았습니다.

    다양한 동화책에 대해 의견을 나누었는데 그중에서 『어린 왕자』가 선택되었습니다. 전체 내용을 모두 공연하기에는 너무 길기 때문에 재미있는 부분들을 골라서 극본 형식으로 바꾸기로 하였습니다. 이에 더해 원작의 내용을 그대로 전달하기보다는 친구들의 상상력과 창의력을 더해 조금 더 재미있는 상황을 만들어 보기로 하였습니다.

    다음은 은정이네 모둠이 생텍쥐페리 원작 『어린 왕자』의 일부를 골라서 상상력과 창의력을 더해 만든 극본입니다.

어린 왕자

때 : 아무도 알지 못하는 미래
곳 : 우주의 어느 별
나오는 이 : 어린 왕자, 수학자

[수학자의 별]

숫자가 가득한 별에 어린 왕자가 도착한다. 온통 숫자로 이루어진 집에서 숫자로 된 안경과 모자를 쓰고 숫자 모양의 옷을 입은 수학자가 칠판에 숫자를 쓰면서 수를 중얼거리고 있다. 어린 왕자가 서서 그 모습을 뚫어지게 쳐다본다.

수학자 : (숫자를 쓰면서 수를 중얼거리다 문득 어린 왕자를 발견한다.) 넌 누구냐? 넌 몇 번이지? 몇 번째 별에서 온 몇 번째 여행자야?

어린 왕자 : (더듬거린다.) 저, 저는, 그러니까 저기 저 별에서…….

수학자 : (어린 왕자를 다그친다.) 저기 저 별이란 건 없어. 몇 번째 별인지 말해 봐. 몇 년에 생겨나서 몇 년 동안 산 별인지 숫자로 말하라고, 숫자로!

어린 왕자 : 저희 별에는 숫자가 없어요.

수학자 : 뭐라고? 숫자가 없다고?

어린 왕자 : 네. 저희 별에서는 숫자를 셀 필요가 없어요. 모두

하나뿐이거든요.

수학자 : (버럭 화를 낸다.) 하나뿐이라고? 단 하나? 1밖에 없단
말이야? 이 우주에 그런 별이 있다고?

어린 왕자 : 네. 제가 살던 별이 그래요. 그곳은 저 하나, 꽃 하
나, 분화구 하나, 별도 하나, 다 하나뿐이에요.

수학자 : 다 하나라고? 이런 바보 같으니! 너 바보 아니냐?

어린 왕자 : 제가 바보라고요?

수학자 : 그래, 이 바보야! 그건 하나가 아니라 여럿이야. 자, 잘
세 봐. 너 하나, 꽃 둘, 분화구 셋, 별 넷. 또 다른 건 없
어? 그래, 그 지팡이 다섯, 그 그림책 여섯. 그리고 거기
에 있는 돌멩이 천, 먼지 백만……

어린 왕자 : 아니에요. 꽃 하나, 분화구 하나, 별 하나…… 다 하
나예요. 모두가 다 하나뿐인 별이라고요. (먼 하늘을 바
라보다 별 하나를 가리킨다.) 바로 저 별이에요. 저기선
모든 게 다 하나씩이에요. 서로 아끼고 사랑해 주면서 지
내는 단 하나인 별이라고요. (수학자에게서 돌아서며 단
호한 말투로) 전 이제 떠나야겠어요.

수학자 : (어린 왕자를 붙잡으며) 가긴 어딜 간다는 말이야. 나랑
숫자놀이를 해야지.

어린 왕자 : 제게 숫자는 필요 없어요. 저는 제 별로 돌아갈 거예요.
거기에서 전 바보가 아니에요. 거짓말쟁이도 아니고요.

수학자 : (애원하며) 가지 말고 여기서 나랑 같이 지내자. 평생 아무 걱정 없이 숫자놀이나 하면서 말이야. 응?

어린 왕자 : (자기 별을 바라보며) 가야 해요. 이제야 비로소 알았어요. 제 마음이 가장 편한 곳이 어딘지 말이에요. 서로 이해해 주고 위로해 주는 이들이 있는 제 별로 돌아갈 거예요.

수학자 : 네 별이 그런 별이라는 걸 어떻게 확신하지?

어린 왕자 : 다른 별을 여행하면서 깨닫게 되었어요. 만약 이 여행을 하지 않았다면 전 평생 이런 소중한 사실을 모른 채 투덜대기만 했을 거예요.

수학자 : 그래, 그럼 할 수 없구나. 나는 또 다른 여행자가 오길 기다려야겠다. (다시 칠판에 숫자를 쓰면서 수를 중얼거리기 시작한다.) 안녕! 나는 바빠서 배웅 못 한다.

어린 왕자 : (손을 흔들며) 안녕, 수학자님!

수필을 극본으로 창작하기

평소의 생각이나 느낌을 자유롭게 표현한 짧은 글의 형식이면 가능하다. 어른들의 수필보다는 또래 학생들의 글을 이용하는 것이 더 효과적이다. 평소에 써 두었던 글 중에서 하나를 골라 연극 형식으로 바꾸어 본다면 글을 쓴 학생의 생각과 아이디어를 모둠 구성원이 함께 창의적으로 재구성해 보는 기회를 가질 수 있다.

아름이는 여행 작가가 되는 것이 꿈입니다. 전 세계 곳곳을 여행하면서 경험하고 느낀 것들을 글로 써서 사람들에게 유용한 정보를 주고 여행의 감동을 함께 나누고 싶기 때문입니다. 그래서 평소에도 여행을 하고 나면 꼭 그 내용을 글로 써 두곤 합니다.

지후네 모둠은 아름이가 평소에 써 두었던 여행 수필을 연극 형식으로 바꾸어 보기로 하였습니다. 작가들의 수필은 좀 어렵다는 생각이 들기도 했고, 이왕이면 여행 작가를 꿈꾸는 아름이의 글을 연극으로 공연하는 것이 더 의미 있다고 생각했기 때문입니다. 그래서 아름이에게 평소에 써 두었던 수필 중에서 연극 형식으로 바꾸어 공연하기에 적당한 글을 하나 추천해 달라고 하였습니다.

다음은 아름이가 추천해 준 수필입니다. 아름이는 가족들과 함께 청송 유네스코 세계지질공원으로 여행을 가게 된 과정을 글로 썼다고 하였습니다.

가족 여행지 정하기
정아름

나의 꿈은 지질학자였다. 그런데 얼마 전부터 전 세계를 여행하면서 지질학에 대한 연구를 일반인들도 알기 쉽게 설명하는 지질학 여행 작가로 꿈을 조금 수정하였다. 그래서 방학이 되면 지질학에 대해 공부하거나 체험할 수 있는 곳으로 여행을 가자고 가족회의에서 제안하였다.

여행을 외국으로 가면 더 좋겠지만 가족이 다 함께 가려면 부모님의 부담이 너무 커지기 때문에 우리나라의 지질공원을 찾아 여행하기로 하였다. 그리고 또 한 가지 우리 가족이 선택한 여행 방법은 '캠핑'이었다.

사실 이런 결정을 하기까지는 조금 복잡한 일들이 있었다. 아빠와 엄마, 오빠와 나 이렇게 가족 네 사람의 의견을 모아야 했기 때문이다. 지질학을 소개하는 여행 작가가 되고 싶다는 내 꿈도 소중하지만 그것만 내세우며 다른 가족들의 의견을 무시할 수는 없었다.

내가 지질공원 중심으로 여행을 가자고 했을 때 제일 먼저 반대한 사람은 오빠였다. 오빠는 워터파크나 놀이공원이 가까운 곳으로 여행을 가자고 했다. 엄마는 비용이 적게 드는 외갓집으로 가자고 했다. 캠핑을 좋아하는 아빠는 사람들의 발길이 적은 산이나 계곡으로 캠핑을 떠나자고 하였다. 이렇듯 우리 가족 넷은 모두 생각이 달랐다. 그래서 의견을 모으기가 쉽지 않았다.

결국 올 여름 우리 가족의 여행 장소는 청송 유네스코 세계 지질공원으로 결정되었다. 그 지역에 있는 캠핑장에서 사흘 동안 캠핑을 하기로 한 것이다. 이런 결정이 나기까지 우리 가족의 열띤 회의는 며칠 동안 이어졌다. 큰소리가 나기도 하고 작은 다툼이 있기도 했지만, 끝내는 서로 이해하고 받아들이기로 했다. 여행지에서 즐기는 것도 좋지만 여행을 떠나기 위해 가족들과 같이 이야기하고 의견을 조정하는 과정도 재미있었다. 벌써부터 여행 생각에 가슴이 설렌다.

친구들은 아름이의 수필을 연극 형식으로 바꾸어 보기로 하였습니다. 아름이네 가족이 가족 여행지와 여행 방법을 결정하기까지의 과정을 연극으로 표현하면 재미있을 것 같았습니다. 아름이가 실제 가족회의 과정을 친구들에게 생생하게 이야기해 주어서 더 흥미가 생겼습니다.

다음은 아름이의 수필을 극본 형식으로 바꾸어 쓴 것입니다.

여행을 떠나요

때 : 6월의 어느 날
곳 : 아름이네 집
나오는 이 : 아빠, 엄마, 오빠, 아름이

가족들이 거실에 모여 있다.

아빠 : 자, 이제 다 모였으니까 이번 여름 가족 여행 장소를 정해 보자.

엄마 : 이번 여행은 돈이 좀 적게 드는 곳으로 가는 게 좋겠어요.

　　　　아이들 학원비도 많이 드는데…….

오빠 : 에이, 학원 안 다니면 되지. 학원비 낼 돈으로 가족 여행

　　　　가는 게 훨씬 더 좋아요.

아름 : 찬성이요! 오빠가 옳은 말을 할 때도 다 있네.

엄마 : 무슨 소리야! 학원을 왜 안 다녀? 방학 때 더 열심히 공

　　　　부해야 다른 아이들한테 뒤처지지 않지!

오빠 : 학원 안 다니고도 열심히 공부해서 뒤처지지 않을 수 있

　　　　다고요.

아름 : 맞아요.

엄마 : (호통치듯) 조용히 안 해?

아빠 : 자, 자, 그러지들 말고 각자 자기 의견을 말해 보자.

오빠 : 올 여름에는 당연히 워터파크로 가야죠. 제 친구네도 작년

　　　　에 워터파크에서 2박 3일 놀고 왔는데 정말 재밌었대요.

엄마 : 워터파크 리조트가 얼마나 비싼지 알아? 안 돼, 거긴.

오빠 : 1년에 한 번 가는 건데, 좀 비싸도 가면 안 돼요?

아빠 : 아름이 네 생각은 어때?

오빠 : (아름이에게 도와달라는 듯 두 손을 모으고 간절한 눈빛

　　　　을 보낸다.) 아름아…….

아름 : (오빠를 보다가) 전…… 전 말이에요…….

오빠 : (아름이의 말을 가로채며) 아름이도 당연히 워터파크죠.

이왕이면 외국에 있는 엄청 큰 워터파크요.

엄마 : 얘가 한술 더 뜨네. 외국이라고?

아빠 : (아름이 오빠에게) 넌 이미 의견을 말했으니까 다른 사람
　　　말을 들어 봐.

엄마 : 난 외갓집에 가는 데 한 표. 얼마나 좋니? 할아버지가 농사
　　　지으신 수박도 공짜로 먹고, 개울에 가서 물놀이도 하고.

아름 : 그것도 좋긴 한데…….

오빠 : 좋긴 뭐가 좋아? 모기도 많고 날파리도 엄청 많은데.

아빠 : 외갓집도 좋지. 돈도 적게 들고, 오랜만에 할아버지, 할
　　　머니도 뵙고.

엄마 : 그럼, 당신도 찬성이죠?

아빠 : 나? 난 사실 다 같이 산속에서 캠핑을 하고 싶은데…….

엄마 : (놀란 표정으로) 뭐라고요? 캠핑이요? 화장실도 없고 씻
　　　을 데도 없는 곳에 가서 캠핑을 하자고요?

아빠 : 재밌을 텐데……. 한적한 자연 속에서 우리 가족끼리 고
　　　기도 구워 먹고……. 그리고 요즘은 캠핑장 시설이 잘 갖
　　　춰져 있어서 크게 불편하지 않아요. 아름아, 네 생각은
　　　어떠니?

아름 : 캠핑도 좋긴 하지만 그래도…….

엄마 : 캠핑이 좋긴 뭐가 좋니? 아름이 너, 재작년 기억 안 나?
　　　아빠 따라 캠핑 갔다가 비 쫄딱 맞고, 벌레들이 텐트 안

으로 막 들어오고. 게다가 화장실도 멀어서 변비 걸릴 뻔
했잖아.

아름 : 그렇긴 하죠…….

오빠 : 기왕 캠핑 갈 거면 캠핑장이 아니라 진짜 아무도 없고 아
무것도 없는 오지로 가야죠. 화장실도 없고, 씻을 물도
없고, 벌레가 득실득실한 산속 깊은 곳에서 캠핑……. 크
크크, 그게 싫으면 워터파크로 가든지…….

엄마 : 뭐야, 너 지금 엄마 놀리는 거야?

아빠 : 이제 아름이 의견도 좀 들어 봅시다. 아름아…….

아름 : 저는요, 작년에도 어디 갈지 회의하다가 서로 의견이 안
맞아서 다투기도 했잖아요.

엄마 : 그건 네 오빠가 놀이공원 가자고 우겨서 그런 거지.

아름 : 그래서요, 우리 가족들이 각자 가고 싶은 곳을 한 곳씩
정해서 돌아가면서 한 번씩 가면 좋겠어요.

엄마 : 그래서 재작년엔 아빠 뜻대로 캠핑 갔잖아.

아빠 : 작년엔 네 오빠 중학교 입학 기념으로 놀이공원 근처 펜
션을 갔었고.

오빠 : 3년 전엔 외갓집으로 갔었고요.

아빠 : 그럼 올해는 아름이가 가고 싶은 곳으로…….

오빠 : (아빠의 말을 끊으며) 아름이는 워터파크로 가고 싶을 거
예요.

엄마 : 너, 조용히 안 해!

아빠 : 아름아, 넌 어딜 가고 싶니?

아름 : 전 이다음에 여행 작가가 되고 싶어요.

오빠 : 아이, 재미없어. 여행 작가가 뭐야? 프로 게이머가 멋지지.

아빠 : (엄하게) 조용!

아름 : 그래서 청송에 가고 싶어요.

엄마 : 청송?

아빠 : 청송이라고?

오빠 : 그게 어딘데? 우리나라야?

아름 : 경상북도에 있는 청송은 사과로 유명하지만 사실 지질공
      원으로도 유명한 곳이에요. 저는 청송 유네스코 세계지
      질공원에 가 보고 싶어요. 그리고 여행에 대한 글도 쓰
      고 싶고요.

엄마·아빠 : (고개를 끄덕이며) 그런 생각이 있었구나.

오빠 : 뭐야, 재미없게. 그럼 난 안 갈 거야.

엄마 : (자리에서 일어나 잠시 자리를 비운다.)

아빠 : 가족의 의견인데 너도 존중해 줘야지.

오빠 : 재미도 없는 지질공원에 가서 뭐하려고요? 날도 더운데.

아름 : 가 보면 생각이 달라질 거야. 오빠가 좋아하는 것도 있어.

오빠 : 그게 뭔데? 뭐, 공룡이라도 나타나나?

엄마 : (오빠의 등 뒤에서 큰 공룡의 탈을 쓰고 오빠를 덮치며

소리친다.) 으허엉!

오빠 : (깜짝 놀라 의자와 함께 뒤로 넘어질 뻔한다.) 으악, 깜짝
      이야!

엄마 : (탈을 벗으며) 하하하, 놀라긴. 거기에 네가 그렇게 좋아
      하는 공룡도 있단다.

오빠 : 정말요?

아름 : 공룡 발자국 화석이 있는데 400개 정도나 된대.

오빠 : 그럼 뭐, 이번에는 내가 통 크게 양보하고 청송으로 가야
      하나?

가족들이 함께 웃으며 막이 내린다.

5. 극본을 만들 때 생각할 점

• 교실 연극에 참여하는 구성원이 한 사람도 빠지지 않도록 등장인물
  의 수를 조정한다.

• 교실 연극을 준비하고 연습하고 공연하기까지의 시간과 노력이 적
  당한 수준인가를 충분히 토의한다.

• 극본의 내용이나 형식을 최대한 창의적으로 바꾸되, 원래의 작품이
  갖고 있는 특징과 가치를 훼손하지 않는 범위 안에서 한다.

• 등장인물의 역할이 교실 연극에 참여하는 구성원들의 능력에 적합
  하도록 구성원 각자의 의견을 최대한 반영한다.

2장
극본 읽기

극본이 정해지면 누가 어떤 역할을 맡을지 배역을 정하게 된다. 하지만 그 전에 구성원들이 혼자 또는 함께 극본을 읽는 과정이 먼저 이루어져야 한다. 왜냐하면 극본 읽기를 통하여 연극의 내용을 이해하고 등장인물의 성격을 파악할 뿐만 아니라 자신에게 어울리는 배역과 자신이 하고 싶은 배역이 무엇인지를 마음속으로 결정할 수 있기 때문이다.

1. 혼자 읽기

저는 제 별로 돌아갈 거예요.

교실 연극은 단순히 배역을 맡아 수행하는 것이 전부가 아니다. 이야기의 내용을 정확하게 이해하고 등장인물들의 성격을 파악하는 과정을 통하여 문학적인 감수성과 문화적 소통 역량을 키우는 과정이기도 하다. 이를 위해서는 구성원들이 각자 극본을 읽어 보아야 한다. 그런 후에 같이 모여서 소리 내어 읽기를 하고 연극에 대한 친구들의 생각과 나의 생각을 서로 이야기하면서 비교하고 토론한다.

조용히 읽기

이야기책을 읽듯이 혼자 극본을 읽으며 연극의 내용을 이해하는 과정이다. 내용을 정확하게 파악해야 배역을 맡아 역할을 충실히 수행할 수 있으며, 친구들과 의견을 교환하면서 더 좋은 연극을 만들기 위해 협력할 수 있다.

소리 내어 읽기

등장인물의 대사를 소리 내어 읽으면서 어떤 역할이 자신에게 어울리는지, 어떤 역할을 하고 싶은지 생각해 본다. 조용히 읽을 때와 소리 내어 읽을 때의 느낌은 완전히 다르다. 따라서 역할을 정하기 전에 학생 스스로 연극에 등장하는 모든 인물들의 대사를 소리 내어 읽는 과정이 반드시 필요하다.

2. 함께 읽기

한자리에 모여서 극본 읽기는 구성원들이 각자 어떤 역할을 맡고 싶은지, 서로에게 어떤 역할이 어울리는지를 함께 의논하기 위한 가장 중요한 과정이다. 연극의 내용에 따라 학생들이 선호하는 역할이 있기 마련이다. 반대로 아무도 맡고 싶어하지 않는 역할도 있을 수 있다. 당사자가 그 역할을 맡고 싶어하지 않지만 누가 봐도 가장 잘 어울리는 경우도 있을 것이다. 모둠 구성원들이 함께 한자리에 모여서 소리 내어 극본을 읽어 보는 과정을 통하여 구성원들 각자에게 가장 잘 어울리는 역할을 찾고 서로 의견을 조율하면서 배역을 정할 수 있다.

돌아가며 읽기

연극에 등장하는 배역을 정하지 않고 순서대로 극본을 소리 내어 읽는 과정이다. 한두 번 정도, 필요한 경우 여러 번 이 과정을 거치게 되면 구성원들은 자신에게 가장 잘 어울리는 배역, 친구에게 가장 잘 어울리는 배역이 무엇인지를 생각하고 의견을 교환할 수 있게 된다.

배역 정해 읽기

구성원들이 각자 등장인물 한두 가지의 역할을 정해서 읽는 과정이다. 한 모둠이 4명이고 등장인물이 6명일 경우 한 사람이 둘의 역할을 맡을 수 있다. 둘 이상의 역할을 맡을 경우에는 대사가 가장 적은 등장인물을 함께 맡는 것이 좋다.

배역을 정해서 읽는 과정은 하나의 인물을 정해서 집중할 수 있기 때문에 감정을 좀 더 잘 표현할 수 있다. 배역을 서로 바꾸어 가면서 여러 번 극본을 읽다 보면 구성원들 스스로 어떤 역할이 누구에게 가장 잘 어울리는지에 대하여 확신을 갖게 된다.

3장
등장인물의 성격 파악하기

　연극에 등장하는 인물의 성격은 연극의 흐름에 많은 영향을 준다. 같은 작품으로 공연을 하더라도 등장인물의 성격을 달리하여 공연하면 연극의 내용과 분위기가 완전히 다르게 표현된다. 또한 등장인물의 성격은 작품의 내용과 긴밀하게 연결되어야 하며, 연극에 등장하는 모든 인물의 성격도 서로 연관성이 있어야 한다. 원작의 내용과 전혀 다르게 인물의 성격을 표현하려는 의도가 있다면 반드시 이런 점을 고려해야 한다.

　등장인물을 제대로 이해하고 표현하기 위해서는 우선 원작의 의도를 정확하게 파악해야 한다. 원작의 내용과 흐름에 창의적인 발상을 덧대어 등장인물의 성격을 새롭게 만들어 내는 것도 연극을 만드는 재미를 더할 수 있다. 학생들의 자유롭고 창의적인 생각과 의도를 충분히 반영하는 것이 교실 연극의 가치임을 생각한다면, 인물의 성격을 파악하는 과정에서 다양한 의견을 바탕으로 하는 토론과 협의가 반드시 수행되어야 한다.

1. 지은이의 생각대로 등장인물의 성격 파악하기

극본을 혼자 읽고, 같이 읽고, 소리 내어 읽는 과정을 통하여 작품 속에 등장하는 인물의 성격을 어느 정도 이해할 수 있다. 구성원들과 함께 의견을 나누면서 이해를 심화할 수 있고, 등장인물이 처한 상황이나 사건 등과 연계하여 등장인물의 성격이 어떻게 변화하는지도 알 수 있다.

극본에 등장하는 인물의 성격을 파악하는 과정은 원작의 의도와 가치를 이해하는 데에 매우 중요하다. 기성 작가의 작품, 이야기 글을 극본 형식으로 바꾼 작품, 학생들 스스로 창작한 작품 모두 원작의 의도와 가치를 파악해야 연극의 가치를 극대화할 수 있다. 이를 위해 작품에 대한 지은이의 의도가 담긴 글이나 해당 작품에 대한 서평을 읽어 보는 것도 좋은 방법이다.

2. 우리들의 생각대로 등장인물의 성격 파악하기

같은 사건과 상황이라도 등장인물의 성격에 따라 다르게 표현될 수 있다. 특히 주인공의 성격은 작품 전체에 영향을 준다. 때로는 주변 인물들의 성격을 부각시켜 연극의 재미를 더하기도 하고, 원작과는 정반대의 성격으로 인물을 표현하기도 한다. 등장인물의 성격을 어떻게 파악하고 표현하는가에 따라 연극의 내용과 분위기가 달라지므로 이를 통해 자신들만의 창의적인 연극을 만들 수 있다.

창의적으로 등장인물의 성격을 파악할 때에 주의할 점은 등장인물의 성격 표현이 일관성이 있어야 한다는 것이다. 또, 창의적인 변

형도 원작의 가치와 의미를 훼손하지 않는 범위 내에서 이루어져야 한다. 그러기 위해서는 구성원들이 함께 협의하고 토론하는 협업의 과정을 반드시 거쳐야 한다.

창의성을 너무 강조하다가 자칫 작품의 본질적인 의미와 가치를 훼손해서는 안 된다. 등장인물 간의 성격 불일치로 인해 내용에 혼란이 오게 해서도 안 된다. 창의적인 성격 파악과 표현의 제1원칙은 관객의 입장에서 생각하고 고민해야 한다는 것이다. 제아무리 창의적인 연극이라 할지라도 관객의 이해와 동의를 얻지 못한다면 공연으로서의 가치를 인정받기 어려울 것이다.

4장
배역 정하기

연극의 전 과정에서 연극에 참여하는 모든 구성원들에게 가장 고민스러운 순간은 바로 배역을 정할 때이다. 교실 연극은 특히 그렇다. 교실 연극은 구성원들이 스스로 만들어 가는 연극이기 때문이다. 학생 개인의 욕구, 흥미, 소양 등을 감안하여 함께 의논하고 협력하며, 구성원들의 의견을 최대한 존중하여 어느 한 사람도 소외되거나 갈등의 여지가 남지 않도록 해야 한다.

교실 연극이 그 어떤 형식의 연극보다도 교육적인 가치가 있는 이유는 구성원 모두가 스스로 역할을 분담하고 수행함으로써 교과 교육의 이념과 가치를 함양함은 물론 종합 예술인 연극을 통해 문화·예술적 역량을 키울 수 있기 때문이다.

하지만 배역을 정하는 과정에서는 교사의 안내와 중재가 어느 정도 필요하다. 학생 자신이 가장 하고 싶은 역할과 그 학생에게 가장 잘 어울리는 역할이 충돌할 수 있고, 구성원 모두가 선망하는 주인공이나 구성원 모두 거부감을 가지는 등장인물의 역할을 정하는 과정에서 갈등이 생길 수 있기 때문이다.

물론 학생들 스스로 의견을 나누고 협의하여 배역을 정하는 것이 가장 좋지만, 그렇지 못할 경우에는 교사의 안내와 중재가 필요하다. 모든 구성원을 만족시킬 수 없다면 교사가 학생들을 설득하여 의견을 조율할 필요가 있다.

필요한 경우에는 등장인물의 성격이나 배역을 달리하여 두 번 이상의 공연을 할 수도 있다. 특히 짧은 토막 연극을 공연할 때에 이처럼 작품을 색다르고 개성 있게 표현하기도 한다.

1. 내가 원하는 배역 생각하기

누구나 자신이 원하는 역할이 있기 마련이다. 그렇다고 모두가 원하는 역할을 맡을 수는 없다. 대부분 주인공이 되기를 희망하지만 주인공은 단 한 사람뿐이다. 또, 맡고 싶은 배역이 있어도 자신의 능력이나 성격 때문에 섣불리 마음을 내보이지 못하는 경우도 있다. 소극적이고 내성적인 학생일수록 자신이 원하는 역할에 대해 뜻을 밝히기가 어려울 것이다.

그러나 교실 연극은 유명한 배우가 나오는 상업적인 연극이 아니다. 누구나 자신이 원하는 역할을 맡아서 연기해 볼 수 있다. 중요한 배역을 번갈아 가면서 해 볼 수도 있다. 이런 과정을 통해 자신에게 가장 잘 어울리는 배역을 알 수 있다.

또한 원하지 않는 역할을 맡아서 해 보는 경험도 매우 중요하다. 자신과 전혀 어울리지 않는 성격을 표현하고 경험하는 것은 연극이 갖고 있는 색다른 매력이다. 마치 다른 사람이 된 것 같은 경험을 통해 타인을 이해하고 다른 삶의 양식을 수용할 수 있는 포용력을 키울 수 있다.

단지 주인공이기 때문에 혹은 멋있는 배역이기 때문에 역할을 맡기보다는 자신과 다른 성격의 인물이 되어 보기 위해서, 자신의 진로와 관련 있는 역할을 경험하기 위해서, 나와 다른 입장의 인물이 되어 보기 위해서 그 역할을 맡아 보는 것이 좋겠다.

2. 나에게 가장 잘 어울리는 배역 찾기

등장인물의 역할을 번갈아 가면서 읽는 과정에서 어떤 역할이 누구에게 가장 잘 어울리는지 알게 된다. 이에 대한 의견 교환은 배역을 정하는 가장 중요한 열쇠가 된다. 서로에게 가장 잘 어울리는 역할이 무엇인지 조언해 주고 그 조언을 받아들이는 과정을 거치며 구성원들은 서로 배려하고 존중하게 된다.

내가 하고 싶은 역할과 나와 어울리는 역할이 일치한다면 문제가 없다. 하지만 때로 자신이 원하는 역할보다 자신에게 더 잘 어울리는 역할이 있기도 하다. 의외로 소극적이고 내성적인 학생에게 적극적이고 외향적인 배역이 어울릴 수도 있다. 반대로 활발한 학생에게 조용한 성격의 배역이 어울릴 수도 있다. 평소의 자신과 전혀 다른 역할이 어울린다는 사실을 알게 되는 것도, 그런 역할을 직접 연기해 보는 것도 자신을 돌아보고 타인을 이해하는 기회가 된다.

간혹 구성원들의 조언과 설득 때문에 어쩔 수 없이 자신이 원하지 않는 역할을 맡게 될 수도 있다. 어색하고 낯설겠지만 오히려 좋은 도전의 경험으로 받아들이면 좋겠다. 이런 경험을 통해 새로운 교훈을 얻고, 긍정적이고 진취적인 사고를 갖게 될 수 있다.

5장
공연 연습하기

공연 준비 과정에서 가장 시간과 노력이 필요한 중요한 과정은 바로 연습이다. 대사를 모두 외워야 하고, 같은 대사를 수없이 반복하면서 표정과 동작을 익히는 활동은 적지 않은 인내와 끈기가 요구된다. 따라서 지루하고 힘든 연습 과정에서 간단한 놀이나 게임은 잠시 기분 전환을 하는 데에 도움이 될 수 있다. 그렇다고 해서 연습 과정이 놀이가 되어서는 안 된다. 간혹 연극을 놀이와 동일시하는 경우가 있는데, 그건 그냥 놀이일 뿐 연극이 아니다.

하나의 공연을 위해 각자가 역할을 맡아 수행하고, 함께 준비하고, 공연하는 과정을 단순히 놀이로 인식한다면 교실 연극의 의미를 충분히 살릴 수 없다. 그러므로 실제 공연을 할 때뿐 아니라 연습을 할 때에도 진지한 태도로 임해야 한다.

1. 극본을 실감 나게 읽기

자신이 맡은 인물의 대사를 상황이나 감정에 따라 실감 나게 말하는 연습이다. 우선 본격적인 연습에 앞서 간단한 발음과 발성 연습을 하면서 긴장을 풀어 주는 것이 좋다. 발성 연습은 말소리의 크기를 조절할 수 있게 해 주고, 발음 연습은 대사를 정확하게 전달하도록 도와준다.

연습을 할 때에 생각처럼 잘 표현이 되지 않는다고 해서 실망할 필요는 없다. 교실 연극은 주어진 시간과 제한된 공간에서 이루어지기 때문에 그에 적합한 수준에 만족해야 한다. 전문적인 배우가 아닌 이상 완벽하게 연기하기란 쉽지 않다. 훌륭하게 해내는 것도 중요하지만, 실감 나게 대사를 표현하려고 노력하는 과정과 경험 자체에 큰 의미가 있다.

2. 상황이나 감정에 어울리는 표정 짓기

자신이 맡은 등장인물이 처한 상황이나 감정 등에 따라 어떤 표정을 지어야 하는지를 이해하고 경험하는 활동이다. 대사에 따라 표정을 다르게 표현하고, 다른 인물의 대사에 반응하면서 적절한 표정을 지어 본다. 다양한 상황과 사건, 등장인물들과의 관계 속에서 지금 이 역할에 가장 잘 어울리는 표정은 무엇인지 생각하고 표현해 본다.

56

상황이나 감정에 어울리는 표정 짓기 연습은 자신이 경험해 보지 못한 감정을 표현해 보거나 자신과는 다른 성격을 표현함으로써 다른 인물의 마음이나 성격을 이해하게 해 준다. 또, 평소 자신의 표정이 다른 사람들에게 어떻게 보일지 되돌아보는 기회가 되기도 한다.

다 함께 해 보기
- 하나의 장면을 골라 등장인물의 대사에 어울리는 표정이 무엇인지 생각해 봅시다.
- 여러 감정의 표정을 지어 봅시다.
  - 기쁨, 행복, 감격, 즐거움
  - 놀람, 무서움, 공포, 아픔
  - 화, 슬픔, 실망, 체념 등
- 자기가 맡은 배역에 어울리는 표정과 친구들이 맡은 배역에 어울리는 표정이 무엇인지 이야기해 봅시다.
- 상황과 감정에 어울리는 표정이 어떤 것인지 대사를 주고받으면서 확인해 봅시다.
- 가장 잘 어울리는 표정을 지으면서 대사를 실감 나게 말해 봅시다.

참고하기
- 연극, 영화, 드라마, 코미디 등의 짧은 영상 자료
- 다양한 표정의 영상 자료
- 디지털 카메라, 휴대폰 카메라 등으로 자신이나 친구들의 표정을 바로 찍은 사진
- 디지털 카메라, 휴대폰 카메라로 대사와 표정을 녹화한 영상

3. 연극의 장면에 어울리게 움직이기

실감 나게 말하고 어울리는 표정을 지어 봤다면 다음으로는 생동감 있게 움직이는 연습을 해 보자. 대사와 표정만큼 움직임도 사건과 상황을 표현하고 묘사하는 데에 매우 중요한 기준이 된다. 때로는 과장된 움직임으로 감정을 극대화하거나, 절제되고 간결한 동작으로 관객의 몰입을 유도할 수 있다.

일반적으로 연극의 등장인물은 무대에서 공연하고 관객은 객석에서 관람한다. 이에 반해 교실 연극의 무대는 교실이고, 객석 또한 교실이다. 교실 구성원 모두가 배우이며 관객이고, 그 안에서 모든 과정이 이루어진다. 한 학급 구성원이 25명 내외의 학급인 경우 4~5모둠이 한꺼번에 한 교실에서 공연과 관람을 하게 된다.

이런 교실 공간의 상황을 이해하면서 생동감 있게 움직이는 연습을 해야 한다. 예를 들어 누군가를 쫓아가는 장면의 경우, 충분한 무대 공간이 있다면 실제로 쫓고 쫓기는 모습을 표현할 수 있겠지만 교실이라는 제한된 공간에서는 이런 장면을 좀 더 재치 있고 창의적으로 표현할 필요가 있다. 제자리에서 달리는 시늉을 할 수도 있고, 객석을 무대처럼 이용하여 공간을 최대한 활용할 수도 있을 것이다.

무대와 객석의 위치에 따라서도 배우들의 움직임이 달라진다. 예를 들어 배우가 몸을 돌릴 때에는 관객에게 등을 보이지 않아야 한다. 배우는 객석을 향해서 최대한 열려 있는 모습이어야 한다. 그런데 부끄러움이 많은 학생들은 동작이 작고 몸을 움츠리는 경향이 있다. 생동감 있게 움직이는 연습은 이처럼 표현이 소극적이고 내성적인 학생들에게 자신감을 키워 주는 좋은 경험과 기회가 될 수 있다.

다 함께 해 보기
- 움직이지 않고 대사를 할 때와 움직이면서 대사를 할 때의 차이점은 무엇인지 생각해 봅시다.
- 작은 무대 공간에서 공연을 할 때의 장점과 단점에 대해 생각해 봅시다.
- 무대에서 생동감 있게 움직이기 위해서는 어떻게 해야 하는지 의견을 나눠 봅시다.
- 교실이라는 제한된 공간에서 생동감 있게 움직이기 위해서는 어떻게 해야 하는지 토의해 봅시다.
- 적절한 표정으로 대사를 하면서 생동감 있게 움직이며 자기가 맡은 역할을 수행해 봅시다.

참고하기
- 전문 극단의 배우들이 무대에서 걷고, 뛰고, 방향을 바꾸는 장면의 동영상

6장
무대 만들기

공연의 무대를 준비하는 것은 연기 연습과 함께 이루어진다. 구성원 모두가 배역을 맡고 연습을 하면서 동시에 무대 준비의 모든 과정도 함께 수행해 나가야 한다. 교실 연극이 교과 통합적인 교육적 가치를 갖는 것은 바로 이러한 점 때문이다.

모든 준비 과정은 정해진 교육 과정의 수업 중에 이루어져야 하기 때문에 연극 단원에 주어진 시간과 타 교과의 수업 시간을 적절히 통합하여 운영한다. 각 교과의 단원 학습 내용 중에서 교실 연극과 관련된 부분들을 통합하도록 한다.

미술, 음악, 체육은 교실 연극과 긴밀하게 연관된 교과이다. 과학, 역사, 수학 교과도 얼마든지 교실 연극과 연관 지어 통합할 수 있다. 예를 들어 장영실에 관한 일화를 교실 연극 극본으로 정했을 때, 장영실에 대한 역사적인 이해와 그의 과학 발명품에 대한 수업을 함께 진행할 수 있다.

연극이 종합 예술이라고 일컬어지는 이유는 연극 공연을 위한 준비 과정에 사회 과학과 문화 예술 분야의 모든 역량이 결집되기 때문이다. 교실 연극도 크게 다르지 않다. 비록 학생들이 전문가들처럼 뛰어난 재능이나 전문적인 소양을 갖추고 있지 않더라도 연극이라는 종합 예술을 수행하면서 자신의 숨겨진 재능을 발견하고 앞으로의 진로를 결정하는 데 도움을 얻을 수 있다.

공연을 준비하는 과정에서는 구성원 모두의 협력이 절대적으로 필요하다. 학생들 스스로 공연을 위한 모든 과정을 수행해야 하기 때문에 구성원 간의 의견 교환과 토론이 자연스럽게 이루어진다. 이런 과정에서 의도하지 않은 충돌과 마찰이 발생하기도 하지만 이는 더 좋은 방법을 찾기 위한 시행착오의 과정이므로 슬기롭게 풀어 나가도록 돕는다.

교실 공간을 활용하여 무대를 만드는 방법에는 여러 가지가 있다. 무대를 어디에 어떻게 만들 것인지는 작품의 내용과 표현 양식, 관객의 자리에 따라 결정된다. 거의 대부분의 교실은 직사각형 모양이며, 일반적으로 전면에 칠판과 교탁, 모니터 등이 자리하고, 학생들은 전면을 바라본다. 이 구조를 그대로 활용해도 되고, 극의 형태에 따라 무대와 객석의 위치를 조정할 수도 있다. 작품의 내용과 형식을 이해하게 되면 구성원들이 토의와 협의를 거쳐 훌륭한 무대를 구성할 수 있다.

1. 분리형 무대 만들기

일반적이고 전통적인 무대는 객석과 무대가 완전히 분리되어 있다. 보통은 무대가 객석보다 높은 위치에 있어서 권위적이고 일방적인 느낌을 받는데, 반면에 배우와 관객을 분리하는 효과가 있어

분리형 무대

작품에 몰입하고 집중할 수 있게 한다. 따라서 배우는 배우로서 작품을 최대한 잘 전달하려고 집중하며, 관객들은 공연을 감상하면서 극에 몰입할 수 있다.

교실 전면에 무대를 만들고 객석을 맞은편으로 분리하여 구성하면 전통적인 분리형 무대가 된다. 이러한 무대에서는 관객의 시선을 끌기 위한 배우의 역할이 매우 중요하며, 무대를 꾸미는 데에도 많은 노력을 기울여야 한다. 또 의상이나 분장, 소품 등 관객의 시선을 사로잡는 부분들에도 신경을 많이 써야 한다.

2. 일체형 무대 만들기

무대와 객석의 구분을 두지 않아도 되는 극 형식이거나, 작품 내용이 배우와 관객이 하나가 되어 움직이는 경우에 적합한 무대 구성이다. 일체형 무대에서는 한 학급 구성원이 하나의 작품으로 배우도 되고 관객도 되면서 공연을 보다 종합적이고 적극적으로 즐길 수

일체형 무대

있다.

일체형 무대는 교실 자체가 무대가 되고 객석이 된다. 일반적으로 마당극 형식으로 구성되는 경우가 많다. 마당극의 경우 무대와 객석이 구분되기는 하지만 언제든지 배우와 관객이 서로의 공간을 넘나들 수 있다. 교실 연극에서의 일체형 무대는 마치 마당놀이의 원형 무대와 같다고 생각하면 된다. 다만 일체형 무대에서는 배우가 객석에서 바로 등장하며, 자신의 역할이 끝나면 퇴장하는 것이 아니라 다시 객석에 앉아 관객이 된다.

일체형 무대의 장점은 교실 연극에 참여하는 모든 구성원들이 하나가 되어 움직인다는 데에 있다. 조금 길고 등장인물도 많은 하나의 작품을 학급 구성원 전체가 함께 준비하고 공연하여 모두가 참여하는 무대를 만들게 된다. 하나의 공간에서 무대와 객석의 구분 없이 모두 배우이며 관객으로 움직이기 때문에 단 한 사람도 소외되지 않는다.

3. 소통형 무대 만들기

분리형과 일체형의 중간 형태로 무대를 구성하는 경우이다. 단막극 형식의 짧은 작품을 여러 모둠이 공연할 때에 효과적이다. 배우와 관객은 분리되어 있지만 객석의 배우와 대화를 주고받을 수 있는 형식의 무대이다.

무대를 교실 한가운데에 두고 책상과 의자로 객석을 구분한다. 원형, 사각형, 'ㄷ'자형 등으로 책상과 의자를 배열하여, 가운데가 무대가 되고 책상과 의자가 객석이 된다. 무대와 객석이 근접해 있기 때문에 배우들은 극의 내용과 형식에 따라 관객들과 대화를 주고받을 수 있다. 이러한 대화는 극적인 효과와 재미를 더해 주므로 작품의 각색이나 연출로 상황에 맞게 표현하면 된다.

원형의 소통형 무대

사각형의 소통형 무대

'ㄷ'자형 소통형 무대

소통형 무대는 객석의 반응을 유도하거나, 관객의 생각이나 의견을 극의 한 장면으로 끌어들이기 위해서 자주 사용되는 무대 형식이다. 관객들이 극의 일부분에 참여할 수 있다는 장점이 있으며, 특히 시사적인 이슈나 쟁점이 되는 장면에서 관객의 도움을 받아 극을 이끌어 갈 수 있다.

함께 해 보기
- 여러 형태의 무대 형식에 대하여 알아봅시다.
- 무대의 형식에 따라 배우와 관객의 역할이 어떻게 다른지 알아봅시다.
- 공연할 작품에 어떤 형식의 무대가 가장 잘 어울리는지 이야기를 나눠 봅시다.
- 무대를 만들기 위해 교실의 책상이나 의자 등 여러 가지 물건을 어떻게 배치해야 하는지 의견을 나눠 봅시다.
- 무대의 형식과 위치를 정하고 친구들과 함께 그림으로 표현해 봅시다.

참고하기
- 분리형, 일체형, 소통형 무대 형식의 공연 영상이나 사진

7장
무대 꾸미기

무대 배경은 사건이 언제 어디에서 일어나는지 알려 주는 장치이다. 물론 배경이 없이 해설이나 등장인물의 대사만으로 관객의 이해를 도모할 수도 있다. 또, 의상이나 분장 또는 소품만으로 시대적인 상황이나 사건을 표현할 수도 있다. 하지만 배경을 적절히 꾸며 주고 상황에 맞게 바꾸어 주면 훨씬 더 극적인 효과를 얻을 수 있다.

과거에는 무대 배경을 꾸미기 위해서 모든 것을 학생들이 직접 그려야 했다. 커다란 도화지를 이어 붙여서 그 위에 함께 그림을 그려 배경을 만들었다. 그러나 지금은 멀티미디어를 이용해 아주 쉽고 빠르게 그리고 더 현실적으로 배경을 꾸밀 수 있다. 교실의 대형 모니터, 프로젝터, OHP(Over Head Projector) 등을 활용하는 것이다.

무대 배경에 필요한 그림이나 사진, 영상 등은 인터넷을 통해 거의 모두 구할 수 있다. 또, 스크린이나 영상 출력 장치의 위치에 따라 필요한 모든 배경을 효과적으로 표현할 수 있다. 여기에 학생들의 아이디어를 더한다면 사실적이면서도 창의적인 무대를 얼마든지 꾸밀 수 있을 것이다.

8장
소품 만들기

등장인물이 무대에서 사용하는 물건이 소품이다. 소품은 등장인물이 어떤 사건이나 상황을 보다 현실감 있게 표현하는 데에 사용된다. 가령 피터 팬의 칼이나 후크 선장의 갈고리, 흥부의 박이나 놀부 아내의 밥주걱 등이 그 예이다. 반드시 있어야 하는 것도 있고, 필수적이지는 않지만 있으면 극적인 효과를 주는 경우도 있다.

소품은 일상생활에서 사용하는 것들을 그대로 사용할 수도 있고 직접 제작할 수도 있다. 예를 들어 운동회의 콩주머니 던지기에 사용하는 박을 흥부전의 박으로 사용할 수도 있다. '금도끼 은도끼'에서 나무꾼이 연못에 빠뜨린 도끼는 학생들이 직접 만들어 보는 것이 더 좋다.

직접 제작하는 경우, 처음부터 새로 만들 수도 있지만 주위의 사물이나 생활용품을 재치 있게 변형하여 사용할 수도 있다. 최근에는 재활용품을 유용한 생활용품으로 만드는 과정이 담긴 동영상도 쉽게 찾아볼 수 있다. 창의적인 아이디어만 있다면 간단한 재료와 작업으로도 얼마든지 훌륭한 소품을 만들 수 있다.

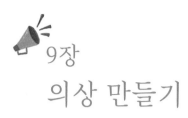

9장
의상 만들기

　사람들은 어떤 옷을 입고 있느냐에 따라 태도나 마음가짐이 달라진다. 가령 제복을 입고 있을 때와 일상복을 입고 있을 때에는 자세부터 달라진다. 마찬가지로 배우도 무대에서 어떤 의상을 입느냐에 따라 자신의 역할에 대한 마음가짐이 달라진다. 관객의 입장에서도 의상은 배우를 이해하고 연극에 집중하는 데에 도움이 된다. 배우가 아무리 피터 팬의 대사를 실감 나게 말한다고 해도 의상을 갖춘 경우와 그렇지 않은 경우는 차이가 날 수밖에 없다.

그러나 교실 연극에서는 전문가들의 연극이나 영화에서처럼 훌륭한 의상을 마련하기는 어렵다. 또, 교실 연극의 준비 과정은 최소한의 시간으로 최대의 효과를 얻는 것이 중요하다. 그러므로 피터 팬과 똑같지는 않더라도 한눈에 보아도 피터 팬이라는 것을 알 수 있으면 된다. 최소한 후크 선장이나 팅커 벨과 확연하게 구분되고, 피터 팬의 특징적인 외형을 표현할 수 있는 의상이면 된다.

피터 팬의 의상이라면 대체로 작은 모자와 나뭇잎 모양의 반바지 정도면 될 것이다. 그 정도는 색도화지를 오려서 충분히 만들 수 있다. 팅커 벨은 날개가 달린 반짝이는 원피스, 후크 선장은 해적 모자와 외투 정도면 된다.

이렇듯 교실 연극의 의상은 교실에서 모든 제작 과정이 이루어지고 완성되는 수준이어야 한다. 미술 교과와 통합하여 수업을 진행하면 효과적이고, 교과 통합으로 얻게 되는 시간적, 공간적 이득을 최대한 활용하는 게 좋다.

10장
음향 준비하기

연극, 영화, 방송 등에서 극을 더욱 실감나게 하기 위해 소리를 넣는 것을 음향 효과라고 한다. 크게 보면 음악도 음향에 포함이 된다. 극중 위기의 순간에 긴장감 넘치는 배경 음악을 넣는다든지, 천둥 치는 장면에서 천둥소리를 미리 준비하여 크게 들려준다든지 하는 것이 음향 효과이다. 음향은 극의 이해를 돕고 재미를 더해 준다. 교실 연극에서도 음향을 적절히 사용하면 연극의 재미를 극대화시킬 수 있다.

전통적인 연극에서는 필요한 음악이나 소리를 직접 연주하고 즉석에서 만들어 냈지만, 요즘은 쉽고 빠르게 음향을 구하고 만들 수 있다. 물론 학생들 스스로 극에 어울리는 음향을 준비하고 창작할 수도 있다. 음악의 경우 기성곡을 편곡하거나 일부를 극에 쓸 수도 있고, 음악 시간과 연계하여 학생들이 공동으로 곡을 만들어 볼 수도 있다.

특정한 상황에 필요한 음향을 구성하는 것도 그리 어렵지 않다. 흥부의 박이 터지는 소리나 피터 팬과 후크 선장이 칼싸움을 할 때

칼날이 부딪히는 소리 등은 인터넷에서 얼마든지 구할 수 있다. 학생들이 전통적인 방식으로 음향을 직접 만들어 보는 것도 흥미롭고 의미 있는 경험이 될 것이다. 주위의 여러 가지 사물을 이용하여 다양한 소리를 만들어 보는 경험은 학생들의 창의력과 오감을 자극하는 훌륭한 교육 활동이 된다.

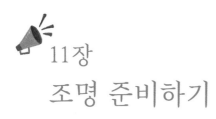

11장
조명 준비하기

일반적으로 연극 공연은 일정한 시설과 규격을 갖춘 공연장을 이용하기 때문에 다양한 조명 장치를 활용하여 여러 가지 극적인 효과를 만들어 낸다. 반면 교실 연극은 교실에서 이루어지기 때문에 별도의 조명을 사용기가 쉽지 않다. 우선 조명을 사용하기 위해서는 빛을 차단해야 하는데 대부분의 교실에는 이런 시설이 없다.

그렇다고 전혀 방법이 없는 것은 아니다. 외부의 빛을 차단하는 암막을 사용하면 된다. 학교에 있는 공용의 암막을 교실 창에 걸어 두거나 시중에 흔히 파는 암막 커튼을 이용하면 완벽하지는 않더라도 외부의 빛을 어느 정도 차단할 수 있다. 빛이 차단되면 조명을 사용할 수 있게 된다.

교실 연극의 조명은 전문 극단과 같은 수준을 필요로 하는 게 아니다. 학생들이 과학실이나 수업 자료실에서 구할 수 있는 정도면 충분하다. 가장 손쉽게 구할 수 있는 조명 도구는 손전등이나 OHP, 빔 프로젝터이다. 여러 가지 손전등에 장면에 따른 여러 색의 투명 필름을 이용하고, OHP는 배경 수준의 조명으로 활용하면 된다. OHP 필름에 직접 색을 입히거나 색 필름을 덧대는 방식으로 조명

효과를 표현할 수 있다.

　이 밖에도 특별한 조명이 필요할 때에는 학생들이 다양한 아이디어를 내어 참신하게 표현해 볼 수 있다. 해거름의 노을이나 밤하늘의 별과 달, 번개가 번쩍이는 하늘 등을 어떻게 표현할지 함께 의논하며 준비해 간다면 그러한 과정 자체가 흥미롭고 재미있는 교육 활동이 될 것이다.

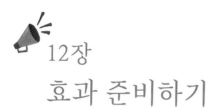

12장
효과 준비하기

공연을 준비하다 보면 내용상 특별한 효과가 필요할 때가 있다. 가령 흥부의 박이 열리는 순간 보물이 쏟아지는 장면에서는 순간적으로 관객의 시선을 사로잡기 위한 효과가 필요하다. 나비가 날아다니는 모습이나 어린 왕자가 우주선을 타고 다른 별로 여행을 떠나는 장면도 특별한 효과를 쓸 필요가 있다.

전문적인 장비 없이 준비해야 하는 교실 연극에서는 오직 학생들의 생각과 번뜩이는 아이디어만으로 이러한 효과를 발휘해야 한

다. 그래서 오히려 더 재치 있는 방법이 나오기도 하고, 그 준비 과정이 흥미롭고 가치 있는 교육 활동이 된다.

흥부의 박이 열리면서 보물이 쏟아지는 장면은 축하 파티에서 자주 사용하는 눈꽃 스프레이와 폭죽, 색종이 조각 등으로 효과를 낼 수 있다. 날아다니는 나비는 종이로 나비 모양을 만들고 무대에 조명을 비추어 종이 나비의 그림자가 움직이게 하면 날아다니는 것처럼 보이게 할 수 있다. 어린 왕자의 우주여행은 커다란 종이 상자를 재활용하여 우주선을 만들고 무대 배경에 우주 공간이 지나가는 것 같은 영상을 넣어 표현할 수 있다. 여기에 음향 효과도 함께 넣으면 더욱 좋을 것이다.

13장
분장하기

　분장은 의상과 함께 등장인물의 성격을 가장 잘 드러낼 수 있는 표현 방법이다. 의상에 비한다면 두드러지게 눈에 띄지는 않지만 경우에 따라서는 분장이 더 효과적일 때가 있다. 토끼나 거북이 역할을 할 경우에는 특징적인 의상으로 그 동물을 표현할 수 있지만 할머니나 할아버지의 역할을 할 때에는 의상보다는 분장이 더 효과적이다.

　교실 연극의 분장은 일반적인 분장과 구분되어야 한다. 전문 배우들의 분장 도구는 아직 어린 학생들의 피부에 적지 않은 자극을 줄 수 있다. 또한 좋은 분장 도구들은 고가이고 구하기도 쉽지 않다. 다루기도 어려워 분장 전문가의 도움을 받지 않고서는 표현하기도 어렵다.

　이런 이유로 교실 연극에서는 전문적인 분장 도구의 사용을 권하지 않는다. 꼭 필요한 경우에도 최소한의 표현으로 최대한 자제하는 게 좋다. 성인들이 사용하는 화장품이나 검증되지 않은 저가 화장품을 쓰는 것도 피부에 문제를 일으킬 수 있기 때문에 바람직하지 않다.

　최근에는 학생들도 화장하는 경우가 많고 이런 추세에 맞춰 초
등학생들이 쓸 수 있는 화장품이 나오고 있다. 교실 연극의 분장에
서는 되도록 이런 제품을 활용하는 게 좋다. 연극의 분장을 위한 것
이기는 하지만 이를 계기로 학생들은 잘 맞는 화장품이나 화장 도
구를 선택하는 법, 올바르게 사용하는 방법 등을 배워 볼 수도 있다.
아울러 분장으로 인물을 표현하는 활동까지 해 본다면 일석이조의
효과를 얻을 수 있다.

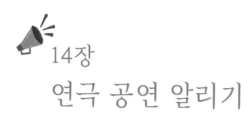

14장
연극 공연 알리기

　　연극은 공연을 전제로 하기
때문에 관객이 필요하다. 관객을
불러 모으기 위해서는 언제,
어디서, 어떤 공연을 하는지 알려야 한다. 이처럼 어떤 소식이나 대
상을 널리 알리는 것을 홍보라고 한다. 홍보를 잘 하면 연극 공연을
널리 알려 많은 관객을 불러 모을 수 있다.

　　그런데 교실 연극의 관객은 교실의 구성원이다. 특별히 외부인
에게 공연을 공개할 책임이나 부담이 없다. 그렇다고 교실 연극이
완전히 폐쇄적인 것만은 아니다. 다른 학급의 교실 연극이 우리 학
급의 연극과 어떻게 다른지 서로 비교하는 시간을 가져 볼 수도 있
다. 따라서 교실 연극의 홍보는 주로 같은 학급의 다른 모둠이나 다
른 학급의 학생들을 대상으로 한다. 수업 중에 이루어지는 공연이
라는 점을 감안하여 수업과 연계한 홍보에 노력을 기울여야 한다.

　　홍보를 할 때는 연극에 대해 자세히 소개해야 한다. 자신들이 준
비한 연극을 상세하면서도 간략하게 소개하는 것이 중요하다. 공연
을 보기 전에 관객이 홍보 자료를 미리 본다면 연극을 보다 잘 이해

하고 받아들일 수 있다.

1. 초대장 만들기

교실 연극의 관객은 학급 구성원이다. 그들은 모두가 배우이며 관객이다. 따라서 공연이 언제 어떻게 진행될지 모두 알고 있지만, 그래도 초대장을 만드는 과정이 필요하다. 준비하고 있는 공연에 대해 소개해 보는 기회이기 때문이다. 꼭 공연을 보러 오지 않을 사람이라도 학생들이 언제 어디에서 어떤 공연을 한다는 것을 알리는 것만으로도 초대장의 의미가 있다.

초대장에는 연극에 대한 정보가 집약되어야 한다. 초대장에 어떤 정보가 어떻게 들어가면 좋을지 구성원들이 함께 의논해서 만들어 보는 것도 좋은 경험이 된다. 연극을 공연하는 것뿐만 아니라 그것을 준비하는 모든 과정이 학생들 스스로 자신의 흥미나 진로를 고민해 보는 계기가 될 것이다.

2. 팸플릿 만들기

초대장이 연극에 대한 간략한 소개라면 팸플릿은 연극의 모든 것을 설명하고 해설하는 자료이다. 작품에 대한 해설에서부터 배우, 스태프, 연출 등 모든 참가자들의 소개와 인사, 준비 과정에서 느낀 감상에 이르기까지 연극을 관람하고 이해하는 데에 도움이 되는 모든 정보가 담겨 있다.

이처럼 연극에 대한 이해를 돕는 최선의 자료이므로 관객을 대상으로 하는 거의 모든 공연에서는 팸플릿을 준비한다. 보통 공연을 보러 오는 관객에게 나누어 주며, 초대장을 보낼 때 함께 주기도 한다. 초대장에 비해 만드는 데에 시간과 비용이 많이 들기 때문에 주어진 시간 안에 연극을 준비해야 하는 학생들에게는 부담이 될 수 있지만 꼭 필요한 과정이므로 즐겁게 준비하도록 독려한다.

그런데 팸플릿이 꼭 관객만을 위한 것은 아니다. 구성원들의 입장에서 보면 연극을 준비하는 과정에서 나온 하나의 결과물이면서 공연의 중요한 기록물이기도 하다. 구성원들의 노력과 경험의 과정이 팸플릿에 고스란히 담겨 있기 때문이다. 그래서 공연의 당사자들도 이 팸플릿을 소장할 가치가 충분히 있다.

팸플릿에 들어갈 내용
- 작품 해설 : 줄거리, 작가 소개
- 연출자의 말 : 연극에 대한 연출자의 생각과 의도
- 기획자의 말 : 연극을 만들게 된 동기와 안내
- 배우 : 배우의 사진, 이름, 역할
- 스태프 : 연극의 준비 과정에 참여한 모든 이들의 사진, 이름, 역할
- 도움의 말 : 연극에 직접 참여하지는 않았지만 도움을 준 사람들에 대한 소개와 인사

3. 포트폴리오 만들기

1년에 딱 한 번 기회가 주어지는 교실 연극 과정은 학급 구성원 모두가 참여하여 한마음 한뜻으로 이루어 내는 최고의 협동 학습으

로, 교과 과정의 그 어떤 활동보다도 의미 있고 가치가 있다. 그렇기 때문에 교실 연극이 시작되는 첫 수업 시간부터 공연과 평가로 마무리되는 마지막 시간까지의 모든 과정을 기록으로 남기도록 한다.

학생들에게도 학창 시절 최고의 기억이 될지 모를 교실 연극 과정을 기록으로 남겨 두는 것은 큰 의미가 있을 것이다. 준비 과정의 사진이나 영상은 물론, 교실 연극을 준비하면서 작업했던 결과물들을 포트폴리오 형식으로 만들어 보자.

그런데 학생들이 한정된 시간에 연극을 준비하면서 포트폴리오까지 만들기는 쉽지 않으므로 포트폴리오는 교사가 만드는 것이 좋다. 간단한 영상 장치 하나만 있으면 연극의 모든 과정을 기록할 수 있다. 이 과정에서 교사는 학생들에게 여러 가지 조언을 해 줄 수 있고, 학생들이 교실 연극을 통해 어떤 교육적 가치를 실행하고 구현하는지 파악할 수 있다.

교사가 만든 포트폴리오는 학생들의 교실 연극 수업에 대한 최고의 선물이다. 어렵고 힘든 모든 과정을 마치고 그간의 기록이 담긴 포트폴리오를 받아 본다면 학생들은 자신들의 활동을 되돌아보고 평가할 수 있으며, 교사의 마음에 감동을 받을 수 있을 것이다.

4. 포스터 만들기

포스터는 단 한 장의 이미지로 연극을 알리는 매체로, 많은 사람들에게 가장 쉽게 연극을 알릴 수 있는 중요한 홍보 수단이다. 비록 교실 연극이 대중 앞에서 공연하기 위한 연극은 아니지만 자신들의 작품을 하나의 이미지로 표현해 보는 것도 좋은 경험이 된다.

포스터는 직접 어딘가에 붙이지 않더라도 다양한 방법으로 공유할 수 있다. 약간의 비용을 들이면 포스터 이미지로 티셔츠를 만들어 모둠 구성원들이 함께 맞춰 입을 수도 있고, 컵이나 필통 같은 일상생활에서 쓰는 소품에 이미지를 입혀 사용할 수도 있다.

포스터에 들어갈 내용
- 작품을 대표하는 한두 장면의 그림
- 제목, 공연 장소, 공연 일시, 참여한 이들의 이름

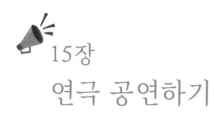

15장
연극 공연하기

공연은 관객과 마주하여 그동안의 모든 준비와 연습을 보여 주는 결과의 자리이다. 무대 위의 배우는 물론 무대 뒤에서 많은 노력과 힘을 보탠 모든 이들의 정성이 담겨 있다. 다른 전문 연극처럼 외부 관객이 없더라도, 역량과 시설이 부족하더라도, 학생들 스스로 만족하며 즐긴다면 훌륭한 연극 무대가 될 수 있다.

또한 교실 연극의 공연은 그동안 준비해 온 모든 것들이 무대에서 어떻게 표현되는지 직접 경험하고 학생들 스스로 그간의 활동에 대해 평가해 볼 수 있는 자리이다. 공연 자체도 수업의 일환이기 때문에 모든 것이 끝난 후 공연의 성공적인 부분, 부족하거나 아쉬웠던 부분을 되돌아보고 평가하는 시간을 갖는 것이 좋다.

1. 리허설하기

무대, 배경, 의상, 분장, 소품, 조명, 음향 등 공연을 위한 모든 것을 점검하기 위한 자리가 바로 리허설이다. 관객 앞에서 무대의 막을 올리기 직전 관객이 없는 무대에서 실행하는 공연으로, 실제와 똑같은 상황과 조건에서 관객이 앞에 있다고 상상하며 진행한다.

만일 교실 연극 공연을 영상 자료로 남기고자 한다면 리허설은 필수이다. 영상 자료를 만들지 않더라도 실제 공연에 앞서 공연의 처음부터 끝까지 미리 경험해 보는 선행 작업이기 때문에 긴장감을 풀기 위해서도 도움이 된다. 많은 경우 리허설을 통하여 보완해야 할 점들이 발견된다. 연극에 참여한 모든 구성원이 리허설의 평가자이자 점검자가 되어 진지하게 진행하도록 하자.

리허설에서 점검해야 할 것들
- 배우의 대사, 움직임, 표정 등
- 무대, 배경, 조명, 음향 등
- 의상, 분장, 소품 등
- 초대장, 포스터, 팸플릿 등의 준비 상황
- 기록을 남기고 공유하기 위한 장비의 상태

2. 공연 감상하기

직접 공연을 하는 배우나 스태프 못지않게 감상에 임하는 관객으로서의 자세와 태도도 중요하다. 연극뿐만 아니라 영화나 콘서트, 음악회, 각종 페스티벌 등 일상생활에서 문화 예술 공연을 감상할 기회는 많다. 어떤 유형의 공연을 감상하느냐에 따라 감상의 태도와 자세가 달라진다. 예를 들어 마당놀이와 같이 배우와 관객의 경계를 넘나드는 공연에서는 관객의 참여와 호응이 공연의 흥과 분위기를 이끌어 간다. 반면 무대와 관객이 분리된 공연에서는 관객의 집중과 관심이 공연의 분위기를 좌우한다.

교실 연극도 여러 가지 형태의 공연이 있다. 극의 유형, 무대와 객석의 형태 등에 따라 어떤 감상 태도를 취할 것인지 서로 논의하고 그에 적절한 감상 태도를 갖추어야 한다. 문화 예술 공연의 유형에 맞는 올바른 감상 태도를 경험해 봄으로써 성숙한 문화 시민으로 성장할 수 있다.

공연을 감상할 때의 태도와 자세
- 배우의 입장이 되어서 관객이 어떤 태도를 취해야 연기에 집중할 수 있는지 생각하면서 관람한다.
- 공연의 형식과 내용에 따라 어떻게 반응해야 할지 생각하면서 관람한다.
- 배우의 표정과 몸짓 등이 극의 흐름과 내용에 어떻게 어울리는지 생각하면서 관람한다.
- 공연에 방해가 되는 모바일 기기의 소리는 미리 차단하고, 공연 중에 불필요한 소리를 내지 않는다.
- 공연 시작 전에 자리에 앉고, 공연이 끝난 후에도 배우가 무대에서 완전히 퇴장할 때까지 자리를 지킨다.

16장
공연 영상 제작하기

공연 영상을 제작하는 일은 그동안의 과정을 기록으로 남기는 활동이다. 극본을 만드는 과정에서부터 공연을 준비하고 홍보하는 과정에 이르기까지 모든 구성원들의 땀과 노력의 결실을 기록으로 담아내는 것이다.

연극의 공연뿐만 아니라 그 준비 과정까지 모두 되돌아보기 위해서는 영상에 모든 과정이 빠짐없이 들어가야 한다. 공연을 마치고 그간의 기록을 모두 모아 추려서 하나의 영상으로 제작하는 과정은 또 하나의 창의적 종합 예술 활동이 된다.

공연이 끝난 후 평가를 할 때에도 기억에만 의존하면 불완전하거나 불확실할 수 있으므로 이럴 때 공연 영상을 활용하면 도움이 된다. 또, 무대에서 공연을 한 배우들은 자신들의 연기를 직접 볼 수가 없으므로 나중에 영상을 보면서 여러 가지를 되돌아볼 수 있을 것이다.

17장
SNS로 소통하기

교실 연극 과정을 포트폴리오로 만들고 공연 영상을 제작했다면 이를 다른 사람들이 볼 수 있도록 인터넷 공간에 공유할 수 있다. 트위터, 페이스북, 인스타그램과 같은 SNS와 블로그, 인터넷 카페 등의 온라인 공유 공간은 이미 일상화되어 있으며 교육적으로도 잘 활용할 수 있다.

교실 연극의 과정을 공유하면 이를 다른 사람들에게 알리는 효과도 있지만, 또 다른 교실 연극에 대한 정보를 얻을 수도 있다. 연극의 준비와 실행 과정에서 만들어지는 창의적 아이디어들을 얻을 수 있고, 그것을 표현하는 방법을 알 수 있어 이후에 더 좋은 연극을 만드는 데도 도움이 된다.

| 2부 |

교실 연극 수업을 위한
이야기 극본

눈 뜬 장님

때 : 조선 시대

곳 : 작은 마을

나오는 이 : 장님, 아내, 아들, 딸, 소년, 도깨비, 상인1, 상인2, 상인3,
해설자

해설자 : (막이 오르면 장구 장단에 맞춰 춤을 추며 무대로 나온다.)
장님이 어느 날 갑자기 눈을 뜬다면 어떤 일이 벌어질까요? 옛
날 어느 작은 마을에 어려서 병을 앓아 앞을 보지 못하게 된 장
님이 있었답니다. 비록 앞은 못 보지만 열심히 노력해서 돈도 벌
고, 결혼도 하고, 자식도 낳아서 행복하게 살고 있었지요. 그런
데 어느 날 아침 기적이 일어났답니다. 바로 그날……. (무대 뒤
로 사라진다.)

1장 [장님의 꿈속]

장님이 숲속에서 방향을 잃고 이리저리 헤매고 다닌다. 근처 나무
그늘 아래에서 도깨비가 앉아 잠을 자고 있다. 새와 동물의 울음소리
가 요란하게 들린다.

장님 : (두 팔을 이리저리 휘저으며 걷는다.) 여기가 도대체 어디지? 거

92

기 아무도 없소? 여기가 어딘지 누가 좀 알려 주시오. (몇 걸음 앞으로 걷다가 자고 있던 도깨비의 발에 걸려 넘어진다.)

도깨비 : (깜짝 놀라 깨어나서 방망이를 손에 들고 소리 지른다.) 아니, 감히 어떤 녀석이 날 깨운 거야! (주변을 두리번거리더니 바닥에 넘어져 있는 장님을 발견한다.) 바로 너로구나!

장님 : 누구시오?

도깨비 : 나는 이 숲을 지키는 도깨비님이시다. 모두들 내 이름만 들어도 벌벌 떨지. 그런데 네가 감히 나의 꿀잠을 방해해? 너를 용서하지 않겠다. 도깨비굴로 끌고 가서 도깨비 밥이 되게 해 주마.

장님 : (그 자리에서 무릎을 꿇고 두 손을 싹싹 빌며) 제발 살려 주십시오. 저는 그저 앞이 보이지 않아서…….

도깨비 : (방망이를 장님의 눈앞에서 흔들어 본다) 정말 앞이 보이지 않나 보네.

장님 : 제발 목숨만은 살려 주십시오. 절 살려 주시고 부탁 하나만 들어 주신다면 도깨비님이 시키는 것은 무엇이든지 다 하겠습니다.

도깨비 : (팔짱을 끼고 곰곰이 생각하더니) 좋다! 그렇다면 목숨만은 살려 주지. 그래, 너의 부탁이 도대체 뭐냐?

장님 : 딱 하루만 눈을 뜨게 해 주십시오. 제 눈으로 세상을 한 번만 보고 싶습니다. 어여쁜 제 아내와 자식들 얼굴도 보고 싶고요.

도깨비 : 그래? 딱 하루만? 그 부탁을 들어 주면 너는 내게 무엇을 해

주겠느냐?

장님 : 제 전 재산을 다 드리겠습니다.

도깨비 : 전 재산을 다 내놓겠다……. 좋다. 딱 하루만 네가 세상을 볼
수 있도록 해 주마. 만일 네가 약속을 지키지 않으면 너의 예
쁜 아내와 자식들 얼굴을 정반대로 만들어 놓을 테니 명심해라.
(이 말이 끝나자 '펑' 하는 소리와 함께 도깨비가 사라진다.)

2장 [장님의 방]

장님이 자고 있다. 새벽닭이 우는 소리가 들린다.

장님 : (잠자리에서 기지개를 켜며 일어난다. 눈을 뜨더니 주변을 두리
번거린다.) 보인다, 보여! 내가 눈을 떴어! 다 보인다고! 그렇다면
세상에서 제일 예쁜 내 아내와 자식들 얼굴부터 봐야지. 여보,
여보! 얘들아!

아내 : (장님이 소리치는 것을 듣고 다급하게 방으로 들어온다.) 아니,
무슨 난리라도 났어요? 왜 그리 소리를 지르는 거예요?

장님 : (방으로 들어온 자기 아내를 보더니 깜짝 놀란다.) 누, 누구요?

아내 : 누구긴 누구예요, 당신 아내죠.

장님 : 내 아내? 내 아내가 이렇게 못생겼단 말이오? 내 아내는 세상
에서 제일 예쁜 아내란 말이오!

아내 : (장님 눈앞에다 손을 흔들며) 내가 보여요? 눈을 뜬 거예요? 내
가 바로 당신 아내예요. (바깥쪽을 향해 소리친다.) 얘들아, 아

버지가 눈을 뜨셨다!

장님 : 그럴 리가, 그럴 리가 없어. 그러면 나의 어여쁜 자식들은 다 어디 있는 거요? 내 아이들을 보고 싶소.

아들 : (엄마의 소리를 듣고 방으로 뛰어 들어온다.) 아버지가 눈을 뜨셨다고요?

장님 : (방으로 들어온 아들의 얼굴을 보고는) 아니, 이 아이가 내 아들이란 말이오? 이렇게 못생긴 아이가…….

딸 : (방으로 들어와 장님의 품에 안긴다) 아버지, 눈을 뜨셨군요! 저예요, 저! 아버지가 세상에서 제일 예쁘다고 하시던 아버지 딸이요!

장님 : (못 믿겠다는 표정으로 딸의 얼굴을 보며) 네가 정말 세상에서 제일 예쁜 내 딸이란 말이냐? 이렇게 못생긴 여자아이가 정말

로 내 딸이야?

아들·딸 : (장님을 꼭 끌어안으며) 네, 바로 저희들이 아버지의 자식들

　이에요.

아내 : (같이 안기며) 여보! 이렇게 기쁜 일이 또 어디에 있을까요?

장님 : (아내와 자식들을 밀쳐 내며 방을 뛰쳐나간다.) 아냐, 아냐! 이

　럴 리가 없어. 내 아내와 자식들은 세상에서 제일 예쁘단 말

　이야!

3장 [시장]

집을 뛰쳐나온 장님이 시장 한복판에 서 있다. 장사하던 사람들이

장님을 알아보고 귓속말을 주고받는다.

장님 : (주변을 두리번거리며) 여긴 또 어디지? 사람들이 왜 이렇게 많

　은 거야?

상인1 : 어디긴 어디야? 시장이지.

상인2 : 매일 여기 나와서 물건을 사 갔잖소.

상인3 : 세상에서 제일 예쁜 아내랑 자식들 자랑도 했지.

상인1 : (장님에게 손가락질을 하며) 하하, 세상에서 제일 예쁜 아내와

　자식들이래.

상인2 : 세상에서 제일 못생긴 아내와 자식들이 아니고?

상인3 : (배를 움켜쥐고 웃는 시늉을 하며) 아이고 배꼽이야. 내 배꼽

　빠진다!

장님 : (상인들에게서 등을 돌리며 혼잣말로) 아니, 이 사람들이 왜 나를 이렇게 놀리는 거지?

상인1 : (장님에게 가까이 다가가더니) 그런데…… 뭔가 좀…… 이상하네…….

장님 : (버럭 화를 내며) 뭐가 이상하단 말이오!

상인1 : (깜짝 놀라 뒤로 물러서며) 보이오? 내가 보여?

상인2 : (장님에게 다가서며) 그리고 보니 지팡이도 들지 않았네. 정말 눈을 뜬 거요?

상인3 : (장님 앞으로 다가와 혀를 날름거리고 이상한 몸짓을 하면서) 설마, 그럴 리가. 내가 이렇게 놀려 대도 모를걸.

장님 : (상인3을 밀치며) 그만 놀리시오. 다 보인단 말이오!

상인3 : 어이쿠, 정말 다 보이나 보네.

상인1 : 장님이 하루아침에 눈을 뜨다니, 그게 말이 돼? 오호라, 그렇다면 방법이 있지! 정말 눈을 뜬 건지 아닌지 알아볼 수 있는 좋은 방법 말이야.

상인2 : 그게 뭔데?

상인1 : 이 사람이 제일 맛있는 음식이라면서 시장에 올 때마다 사 갔던 그걸 보여 주면 되잖아.

장님 : 그거야 내가 잘 알지. 우리 아내와 아이들처럼 예쁘게 생긴 바로 그것! 머리가 미끈하고 다리가 쭉 뻗은 것이 정말 보기 좋게 생겼을 거요.

상인3 : (장님에게 다가가 뒤춤에 감추고 있던 무언가를 얼굴에 확 들이민다.) 그게 바로 이거요!

장님 : (상인3이 내민 것을 보고 깜짝 놀라 뒤로 물러나며 자빠진다.)
　　　으아악! 도대체 이게 뭐란 말이오? 이걸 내가 제일 맛있게 먹었
　　　다고?

상인1 : 바로 낙지요.

상인2 : 세상에서 제일 예쁜 아내와 아이들처럼 생겼다는 낙지!

상인3 : 그럼 낙지가 세상에서 제일 예쁘다는 거네. 으하하!

장님 : (머리를 움켜쥐고 소리치며 그곳을 빠져나간다.) 아니야, 아니
　　　야, 이건 아니야!

4장 [골목길]

　장님이 골목길에 주저앉아 서럽게 울고 있다. 한 소년이 골목길을
지나가다가 장님을 발견하고 가까이 다가간다.

장님 : (주저앉아 서럽게 울며) 눈을 뜨면 모든 게 좋을 줄 알았는데,
　　　대체 이게 무슨 일이란 말이냐. 아이고, 아이고!

소년 : (장님에게 다가가) 왜 그렇게 울고 있어요?

장님 : (소년을 힐끔 쳐다보고는) 꼬마 녀석이 뭘 안다고 간섭이냐?

소년 : 도깨비라도 본 사람처럼 그렇게 울고 있으니까 그렇죠. (말을
　　　마치고 뒤돌아서 걸어간다.)

장님 : 도깨비? 얘야, 꼬마야!

소년 : (걸음을 멈추고 장님을 바라본다.) 왜요? 뭘 안다고 간섭이냐면

서요?

장님 : (자리에서 일어나 소년에게 다가간다.) 실은, 내가 말이다…….

장님이 소년에게 그간 있었던 일을 손짓 발짓을 해 가며 설명하고, 소년은 장님의 말을 들으면서 고개를 끄덕이거나 이런저런 시늉을 한다.

소년 : 아하! 그래서 그렇게 서럽게 울고 있었군요.

장님 : 눈을 떠 보니 세상에 보이는 것은 내 생각하고는 너무나 다르고, 이제 집으로 돌아가려고 해도 집이 어딘지 찾을 수가 없구나. 이를 어쩐단 말이냐. 게다가 도깨비와의 약속을 지키지 않으면…….

소년 : (장님의 말이 끝나기도 전에) 약속을 어기면 되죠!

장님 : 약속을 어기라고? 그 무서운 도깨비하고 한 약속을 어기라는 말이냐?

소년 : 네, 만일 약속을 어기면 아내와 자식들의 얼굴을 정반대로 만들어 버리겠다고 했다면서요?

장님 : 그래, 그랬지. 정반대로…….

소년 : 정반대로!

장님 : 흐음, 정반대라……. 정반대로라면, 세상에서 제일 예쁜 줄로만 알았는데 실제로는 제일 못생긴 아내와 자식들이 이번에야말로 정말 세상에서 제일 예쁜 얼굴로 변한단 말이지…….

소년 : 바로 그거예요!

장님 : (두 손을 마주치며) 바로 그거네! 바로 그거야! (하늘을 향해 소리친다.) 도깨비님, 아니 아니, 도깨비야! 나 약속 안 지킨다! 안 지킬 거니까 네 뜻대로 아내와 자식들의 얼굴을 정반대로 만들어 버려라!

소년 : (하늘을 쳐다보며) 도깨비야, 정반대로 만들어 버려라!

장님 : (뒤돌아 집으로 가려다가 멈칫하며) 아, 참! 그런데 집을 찾을 수가 없으니 이를 어쩐다?

소년 : 집이요? 간단하죠!

장님 : 간단하다고? 눈이 멀었을 때는 지팡이 하나만 있어도 집을 잘 찾아갈 수가 있었는데, 눈을 뜬 지금은 오히려 이 길이 그 길 같고, 이 집이 그 집 같으니 도무지 길을 알 수가 없단 말이다.

소년 : 도로 눈을 감고 지팡이를 들고 가세요. 앞이 안 보일 때처럼 눈을 감고 지팡이에 의지하면 예전처럼 집을 찾아갈 수 있을 거 아니에요.

장님 : 정말 그렇구나! 눈을 감고 지팡이를 짚으면서…….

소년 : (옆에 있던 나뭇가지를 꺾어서 장님에게 건네준다.) 여기요.

장님 : 내가 왜 그 생각을 못 했을까? 고맙다! 애야, 너도 같이 우리 집에 가서 도깨비가 무슨 짓을 했는지 보자꾸나.

5장 [장님의 집 마당]

장님의 아내와 자식들이 마당에 모여서 돌아오지 않는 장님을 걱정하고 있다. 이때 도깨비가 문밖에서 지켜보다가 성난 표정으로 도깨비 방망이를 들고는 빙빙 돌리다가 아내와 자식들을 향해 내리친다. 갑자기 번개가 치고 천둥소리가 들리더니 아내와 아이들의 얼굴이 반대로 변한다.

아내 : (아들과 딸을 보고는) 아니, 너희들 얼굴이…….
아들·딸 : (어머니의 얼굴을 보고는) 아니, 어머니 얼굴이…….

이때 장님이 눈을 감은 채 지팡이를 짚으며 마당으로 들어서고, 뒤따라 소년도 들어온다. 아내와 자식들이 장님에게 달려가 반갑게 맞아 준다.

아내 : 어딜 갔다가 이제야 돌아오는 거예요?
아들 : 아버지, 얼마나 기다렸다고요!
딸 : (아버지에게 안기며) 아버지!
소년 : (장님에게) 이제 집에 왔으니 눈을 뜨셔도 돼요. 지팡이도 버리시고요.
장님 : (지팡이를 내던지며) 에잇, 이제 지팡이는 필요 없지! 그리고 이제 두 눈을 뜨고……. (두 눈을 부릅뜨고 아내와 자식들을 바라본다.) 아이고, 세상에서 제일 예쁜 내 아내와 자식들이로구나!

장님과 아내와 자식들이 서로 얼싸안고 마당을 돌며 기뻐한다. 소년이 이런 모습을 흐뭇하게 바라보고 있고, 대문 밖에서 지켜보던 도깨비는 이상하다는 듯 고개를 갸웃거린다. 흥겨운 노랫가락이 들려오고 막이 내리며 해설자가 등장한다.

해설자 : 자, 지금까지 눈 뜬 장님의 이상한 하루였습니다.

도로 눈을 감고 가시오

조선 시대의 유명한 학자인 서경덕은 '꽃 피는 연못'이라는 뜻의 '화담'이라는 호가 있었습니다. 사람들은 서경덕을 부를 때 호를 따서 서화담, 또는 화담 선생이라고 했습니다.

어느 날 화담 선생이 길을 가다가 울고 있는 사내를 만나게 되었습니다. 하도 슬프게 울고 있어서 그 이유가 궁금해졌습니다.

"이보시오, 무슨 일로 그리 슬피 울고 있는 것이오?"

화담 선생의 물음에 사내는 겨우 울음을 멈추고 대답했습니다.

"예, 저는 본래 앞을 볼 수 없는 장님이었습니다. 어려서 병을 앓아 그렇게 되었지요. 그런데 오늘 아침에 깨어나 보니 갑자기 눈앞이 밝아지고 앞이 보이지 않겠습니까? 저는 너무나 기쁜 나머지 집을 뛰쳐나와 세상 구경을 하려고 여기저기 정신없이 돌아다녔답니다."

"그것 참 신기한 일이로구먼. 그렇게 기쁜 일이 생겼는데 어째서 울고 있소?"

"구경에 지쳐 그만 집으로 돌아가려고 보니 이 집도 저 집도 비슷하게 생기고, 이 길도 저 길도 어딘지 분간이 되지 않아서 집을 찾을 수가 없지 뭡니까. 어디가 우리 집인지 도무지 알 수가 없어 답답한 마음에 그만

울음을 터뜨리고 말았답니다."

"어허, 저런……."

"앞이 보이지 않을 때는 지팡이 하나만 들고서도 온 동네를 돌아다닐 수가 있었는데, 눈을 뜨고 나니 오히려 어디가 어딘지 알 수도 없고 집을 찾을 수도 없으니 이게 대체 무슨 일이란 말입니까?"

사내의 말을 다 들은 화담 선생은 빙긋이 웃으면서 말했습니다.

"그렇다면 도로 눈을 감고 가시오. 앞이 보이지 않을 때는 지팡이만으로 어디든 다닐 수 있지 않았소? 그러니 눈을 감고 지팡이에 의지해서 가다 보면 예전처럼 길을 찾을 수 있을 것이오."

화담 선생은 근처에 있던 나뭇가지 하나를 꺾어 사내에게 주었습니다. 나뭇가지를 건네받은 사내는 이내 눈을 감고 지팡이를 휘둘러 길을 찾고는 콧노래를 부르며 집으로 돌아갔답니다.

어린 왕자

때 : 아무도 알지 못하는 미래

곳 : 우주의 여러 별

나오는 이 : 어린 왕자, 꽃, 분화구, 별, 조종사, 승객1, 승객2, 여우,
수학자

1장 [어린 왕자의 별]

막이 열리면 무대 배경으로 수많은 별이 반짝이는 우주의 그림이
보인다. 어린 왕자가 한 손에 별이 달린 지팡이를 든 채 몸에 가시가
난 빨간 꽃에 물을 주고 있다. 그 뒤에는 연기가 솟아오르는 분화구가
하나 있는 별이 있다. 꽃, 분화구, 별은 모두 의상과 분장으로 각자의
모습을 표현한다.

꽃 : (슬픈 표정과 목소리로) 가지 마, 제발. 너 없이 난 어떻게 하라고?

어린 왕자 : (물을 주다 말고) 가야 해. 이 별에 너무 오래 있었어.

꽃 : 내가 싫어진 거야?

어린 왕자 : 아니, 네가 싫어진 게 아니라 다른 별에 뭐가 있는지 궁금
해서 그래.

별 : 왜 다른 별에 가려고 하지? 다른 별도 나와 다르지 않아. 그냥 별
은 다 같은 별일 뿐이야.

분화구 : 그래, 다른 별에는 나처럼 힘차게 연기를 내뿜는 분화구도 없을 거야.

어린 왕자 : 별은 다 같은 별일지 몰라도 그 별에 누가 사는지 궁금해.

꽃 : 다른 별은 위험해. 여기서 나랑 같이 지내는 게 제일 안전해.

분화구 : (분화구를 긁적이며) 네가 이 별을 떠나면 나는 누가 청소해 주지? 내가 막히면 별이 터져 버릴지도 몰라.

별 : 그래, 꽃이 하는 말을 들어. 여기가 제일 편하고 안전해. 우주에서 너를 제일 사랑해 주는 꽃이 있고, 또 너도 꽃을 아끼잖아. 물론 나도 너를 편하게 지낼 수 있도록 맑은 공기도 주고, 물도 주고, 땅도 주고…… 음…… 또…….

어린 왕자 : 언제까지나 편하게 지낼 수만은 없어. 나는 다른 별에 무엇이 있는지, 어떤 일들이 일어나고 있는지 알고 싶어. 우주선이 오면 떠날 거야.

꽃 : 제발 가지 마.

분화구 : 그래, 가지 마.

어린 왕자 : 어쩌면 돌아오지 않을 수도 있어. 날 이해해 줘. (손을 들어 하늘을 가리킨다.) 저기, 우주선이 오고 있어. 안녕, 나의 꽃! 별아, 분화구야, 안녕!

별 : 그래 잘 가. 아니, 잘 갔다 와. 다른 별에는 뭐가 있는지 꼭 다시 돌아와서 이야기해 줘.

2장 [우주선]

어린 왕자가 우주선에 앉아 무언가를 그리고 있다. 어린 왕자의 오른쪽 자리에는 말미잘처럼 생긴 승객1이, 왼쪽 자리에는 문어처럼 생긴 승객2가 앉아 있다. 조종석에는 커다랗고 검은 망원경을 눈에 달고 머리에는 안테나 모양의 모자를 쓴 조종사가 앉아 있다.

조종사 : (승객들이 있는 뒤를 돌아보며) 승객 여러분, 안녕하십니까? 저희 우주선을 이용해 주셔서 감사합니다. 이 우주선은 만 년에 딱 한 번 운행하는 우주선으로 여러분은 대단한 행운아들이십니다. 뭐, 제가 살고 있는 별에서의 만 년이긴 하지만······.

승객1 : (깜짝 놀라 자리에서 일어서며) 뭐? 만 년이라고? 만 년이면 난 죽는데! 우리 아이들도 죽는데! 아이고, 집에 돌아가긴 틀렸네······.

승객2 : 아니, 뭘 그렇게 호들갑을 떠는 거요? 우리 별에서 만 년은 단 10분밖에 안 된단 말이오. 대체 당신은 어느 별에서 온 거요?

승객1 : 난 안드로메다 성운 X010별에서 왔소.

승객2 : 아, 옛날에 우리 별에서 쫓겨난 말미잘족들이 사는 그 별 말이군.

승객1 : (자리에서 일어나 승객2에게 달려들며) 뭐야? 우리가 당신 별에서 쫓겨났다고? 그게 아니라 당신들이 우리 별에서 쫓겨난 거지!

승객2 : (승객1에 맞서며) 뭐라고? 이 사람이 무슨 말도 안 되는 거짓말을 하는 거야?

조종사 : (두 승객을 말린다.) 자, 자, 진정들 하세요. 그리고 걱정하지
않으셔도 됩니다. 이 우주선은 서로 시간이 다른 별에 딱 맞게
설계되어 있으니까 말이죠. 죽지 않고 돌아올 테니 걱정 말고
마음 편히 여행하세요. (어린 왕자를 바라본다.) 손님, 손님은
어느 별까지 가시나요?

어린 왕자 : (그림을 계속 그리며) 저는 어디로 갈지 몰라요. 그냥 제일
처음 닿는 별에 내릴 거예요. 전 단 한 번도 제 별을 떠나 본 적
이 없거든요. 그러니까 이번이 첫 여행이에요.

승객1 : (큰 소리로 웃으며) 뭐라고? 단 한 번도 자기 별을 떠나 본 적
이 없다고? 완전 우주 촌놈이군. 우주 촌놈이야. 으하하!

승객2 : 그럴 수도 있지, 뭘 그런 걸로 놀리고 그래요? 나도 이번 우주
여행이 백 한 번째밖에 안 되는데. 한 번도 여행 못 해 봤을 수
도 있지 뭘…… (참았던 웃음을 터뜨린다.) 푸하하! 아이고 배
야, 우주 촌놈이래요!

조종사 : 그렇군요. 우주여행이 처음이라……. 저로서는 아주 영광이
네요. 그렇다면 제가 아는 가장 멋진 별에 내려 드리겠습니다.
자, 그럼 이제 출발!

어두워지면서 우주선이 움직이기 시작한다. 주변으로 형형색색의
별들이 지나가고, 승객들이 손을 흔들기도 하고, 몸을 앞뒤로 움직이
기도 하고, 좌우로 흔들기도 한다.

3장 [여우의 별]

우주선이 멈추고, '승객 여러분, 우주에서 가장 멋진 궁수자리의 세 번째 별에 도착했습니다. 내리실 분은 출입구로 나와 주시기 바랍니다.'라는 조종사의 목소리가 들린다. 왕자가 온통 모래뿐인 별에 내린다. 한 손에는 별이 달린 지팡이를 들고, 다른 한 손에는 그림책을 들고 서서 주변을 두리번거린다. 이때 여우가 왕자의 등 뒤로 살금살금 다가와 숨는다. 그리고는 왕자가 움직일 때마다 뒤에서 따라 움직인다. 등 뒤에 무언가 있다는 것을 알아챈 왕자가 이리저리 몸을 돌리다가 여우와 마주친다.

여우 : (깜짝 놀라 펄쩍 뛰어오른다.) 아이, 깜짝이야!

어린 왕자 : 깜짝 놀란 건 바로 나야.

여우 : 뭐라고? 네가 나를 놀라게 했잖아.

어린 왕자 : 거짓말! 네가 내 등 뒤에 숨어서 나를 놀라게 했잖아.

여우 : 거짓말쟁이! 넌 거짓말쟁이야!

어린 왕자 : 내가 거짓말쟁이라고?

여우 : 그래, 거짓말쟁이야. 여긴 내 별이고 넌 다른 별에서 왔으니까 여기서는 내가 하는 말이 진짜고 네가 하는 말은 다 거짓말이야.

어린 왕자 : 그게 무슨 소리야? 너는 무슨 말을 해도 진짜고, 난 무슨 말을 해도 다 거짓말이라고?

여우 : (팔짱을 끼며) 잘 아시네. 흥!

어린 왕자 : 뭐 이런 별이 다 있어? 조종사가 나한테 거짓말을 했잖아.

여우 : (왕자에게 가까이 다가서며) 조종사가 거짓말을 했어? 무슨 거짓말?

어린 왕자 : 우주에서 제일 멋진 별에 나를 내려 준다고 했거든. 그런데 이게 뭐야. 주위는 온통 모래뿐이고, 여기 사는 너는 거짓말쟁이잖아.

여우 : 조종사 말이 맞아. 여긴 우주에서 제일 멋진 별이라고! 내가 사는 별이니까.

어린 왕자 : 아까는 네가 하는 말만 진짜고 다른 말은 다 거짓이라면서.

여우 : 내가 사는 별이 우주에서 제일 멋지다는 말은 거짓이 아냐.

어린 왕자 : 순전히 자기 마음대로네. 치!

여우 : 당연하지. 여긴 내 별이고, 내가 하는 말이 진짜야. 내가 진짜라고 하면 거짓말도 진짜가 되는 거야.

어린 왕자 : 다른 별로 가야겠어. 여긴 내가 생각했던 곳이 아냐. 거짓말쟁이 여우가 사는 별은 내가 사는 별보다 나을 게 하나도 없어.

여우 : (다급히 어린 왕자를 붙잡으며) 가지 마…….

어린 왕자 : (여우를 애처롭게 바라본다.) 그건 내가 떠나온 별에 살던 꽃이 나한테 한 말인데…….

여우 : 가지 마. 네가 떠나면 난 또 혼자가 된단 말이야.

어린 왕자 : 혼자가 된다고?

여우 : 그래, 여긴 아무도 없어. 내가 거짓말을 하니까 다들 이 별을 떠났어. 그래서 나 혼자만 남은 거야. 이제 다시는 거짓말을 하지 않겠다고 다짐했는데…….

어린 왕자 : 난 가야 해. 네가 거짓말을 했든 안 했든 상관없어. 또 다른 별에는 무엇이 있는지 궁금하거든.

여우 : 다른 별도 이 별과 다르지 않아. 그러니까 그냥 여기서 나랑 살지 않을래? 내 옆에서 거짓말만 하면서…… 아니, 아니, 거짓말 하지 않으면서 편안하게 사는 거야.

어린 왕자 : 편안한 게 꼭 행복한 건 아니야. 이젠 정말 가야 해.

여우 : (실망한 표정으로) 그럼 가. 네가 떠나도 난 널 영원히 기억할 거야. 나는 밀을 먹지 않지만 저기 들판에 황금빛으로 일렁이는 밀밭을 보며 너를 생각할 거야. 왜냐하면 해질녘의 황금빛 밀밭은 너의 금빛 머리칼을 생각나게 하거든.

어린 왕자 : (여우에게 손을 흔들며) 안녕!

여우 : 안녕, 나의 어린 왕자.

4장 [수학자의 별]

숫자가 가득한 별에 어린 왕자가 도착한다. 온통 숫자로 이루어진 집에서 숫자로 된 안경과 모자를 쓰고 숫자 모양의 옷을 입은 수학자가 칠판에 숫자를 쓰면서 수를 중얼거리고 있다. 어린 왕자가 서서 그 모습을 뚫어지게 쳐다본다.

수학자 : (숫자를 쓰면서 수를 중얼거리다 문득 어린 왕자를 발견한다.) 넌 누구냐? 넌 몇 번이지? 몇 번째 별에서 온 몇 번째 여행자야?

어린 왕자 : (더듬거린다.) 저, 저는, 그러니까 저기 저 별에서…….

수학자 : (어린 왕자를 다그친다.) 저기 저 별이란 건 없어. 몇 번째 별인지 말해 봐. 몇 년에 생겨나서 몇 년 동안 산 별인지 숫자로 말하라고, 숫자로!

어린 왕자 : 저희 별에는 숫자가 없어요.

수학자 : 뭐라고? 숫자가 없다고?

어린 왕자 : 네. 저희 별에서는 숫자를 셀 필요가 없어요. 모두 하나뿐이거든요.

수학자 : (버럭 화를 낸다.) 하나뿐이라고? 단 하나? 1밖에 없단 말이야? 이 우주에 그런 별이 있다고?

어린 왕자 : 네. 제가 살던 별이 그래요. 그곳은 저 하나, 꽃 하나, 분화
구 하나, 별도 하나, 다 하나뿐이에요.

수학자 : 다 하나라고? 이런 바보 같으니! 너 바보 아니냐?

어린 왕자 : 제가 바보라고요?

수학자 : 그래, 이 바보야! 그건 하나가 아니라 여럿이야. 자, 잘 세 봐.
너 하나, 꽃 둘, 분화구 셋, 별 넷. 또 다른 건 없어? 그래, 그 지
팡이 다섯, 그 그림책 여섯. 그리고 거기에 있는 돌멩이 천, 먼지
백만······.

어린 왕자 : 아니에요. 꽃 하나, 분화구 하나, 별 하나······ 다 하나예
요. 모두가 다 하나뿐인 별이라고요. (먼 하늘을 바라보다 별
하나를 가리킨다.) 바로 저 별이에요. 저기선 모든 게 다 하나
씩이에요. 서로 아끼고 사랑해 주면서 지내는 단 하나인 별이
라고요. (수학자에게서 돌아서며 단호한 말투로) 전 이제 떠나
야겠어요.

수학자 : (어린 왕자를 붙잡으며) 가긴 어딜 간다는 말이냐. 나랑 숫자
놀이를 해야지.

어린 왕자 : 제게 숫자는 필요 없어요. 저는 제 별로 돌아갈 거예요. 거
기에서 전 바보가 아니에요. 거짓말쟁이도 아니고요.

수학자 : (애원하며) 가지 말고 여기서 나랑 같이 지내자. 평생 아무 걱
정 없이 숫자놀이나 하면서 말이야. 응?

어린 왕자 : (자기 별을 바라보며) 가야 해요. 이제야 비로소 알았어요.
제 마음이 가장 편한 곳이 어딘지 말이에요. 서로 이해해 주고

위로해 주는 이들이 있는 제 별로 돌아갈 거예요.

수학자 : 네 별이 그런 별이라는 걸 어떻게 확신하지?

어린 왕자 : 다른 별을 여행하면서 깨닫게 되었어요. 만약 이 여행을 하
지 않았다면 전 평생 이런 소중한 사실을 모른 채 투덜대기만
했을 거예요.

수학자 : 그래, 그럼 할 수 없구나. 나는 또 다른 여행자가 오길 기다려
야겠다. (다시 칠판에 숫자를 쓰면서 수를 중얼거리기 시작한
다.) 안녕! 나는 바빠서 배웅 못 한다.

어린 왕자 : (손을 흔들며) 안녕, 수학자님!

5장 [어린 왕자의 별]

분화구가 연신 재채기를 하고 있다. 꽃은 물을 먹지 못해서 힘없이
고개를 떨구고 있다. 별은 분화구와 꽃을 보면서 한숨을 크게 내쉰다.
어린 왕자가 별에 도착해서 이 모습을 지켜본다.

꽃 : (힘없이 지친 표정과 말투로) 난 곧 죽게 될 거야. 여러 날 동안 물
을 한 방울도 먹지 못했어.

분화구 : (연신 재채기를 하며) 내 분화구는 거의 다 막혔어. 이제 곧
터질 거야. 그러면 이 별도 끝이 나겠지.

별 : 큰일이야. 어린 왕자가 빨리 돌아오지 않으면 우린 모두 우주에서
사라지게 될 거야.

이때 어린 왕자가 들어와 꽃에게 물을 주자 꽃이 서서히 고개를 든다. 이어서 별 지팡이로 분화구를 청소해 주자 분화구의 재채기도 멈춘다. 이를 바라보는 별의 표정이 밝아진다.

꽃 : 왔구나.
분화구 : 돌아왔구나.
별 : 그래, 돌아올 줄 알았지.

　어린 왕자가 꽃과 분화구 사이를 오가면서 물을 주고 분화구 청소를 해 주자 꽃과 분화구가 살아 움직이면서 별과 함께 춤을 춘다. '꽃과 어린 왕자' 노래가 울려 퍼지고 다 같이 모여서 합창하며 막이 내린다.

하늘로 사라진 생텍쥐페리

프랑스 작가 생텍쥐페리가 쓴 동화 『어린 왕자』는 1943년 발표된 이후 전 세계적으로 크나큰 사랑을 받아 왔습니다. 160여 개의 언어로 번역되어 1억 부 이상이 판매되었습니다. 우리나라에서만도 각기 다른 출판사의 다양한 형태로 200여 종이 출판되었습니다. 생텍쥐페리가 직접 그린 원작 그림 또한 여러 버전으로 바뀌면서 그려져 왔습니다.

어린 왕자의 순수한 시선으로 어른들의 모순된 세계를 비추는 이 책은 깊이 있는 내용뿐만 아니라 아름답고 시적인 표현으로 많은 사람들을 사로잡았습니다. 이토록 놀라운 작품을 쓰고 그린 작가 생텍쥐페리는 작가이기도 하지만 비행기 조종사이기도 했습니다.

1921년 21살의 나이로 공군에 입대한 생텍쥐페리는 그곳에서 비행기 조종술을 배워 조종사가 됩니다. 제대한 후에도 민간 항공사에 근무하며 우편 비행 업무를 하면서 틈틈이 글을 썼습니다. 비행기 조종사로서의 경험은 글을 쓰는 데에 많은 영감을 주었습니다. 『남방 우편기』, 『야간 비행』, 『인간의 대지』, 『전시 조종사』 등 『어린 왕자』 외에도 좋은 작품들을 많이 남겼습니다.

비행 업무를 하면서 위험한 순간도 많았습니다. 사막에 불시착하여

5일 동안이나 걷다가 극적으로 구조되기도 하였고, 비행기가 추락하여 심각한 부상을 입기도 했습니다. 하지만 하늘과 비행에 대한 생텍쥐페리의 사랑은 멈추지 않았습니다.

제2차 세계 대전이 일어나자 생텍쥐페리는 다시 군으로 들어가 군용기 조종사가 되었습니다. 이때는 이미 작가로서 인정을 받아 편히 살 수 있었지만 그는 안락한 삶 대신 위험하지만 행복한 비행을 선택했습니다. 나이도 많아 조종사가 되기에는 무리가 있었지만, 끝내 정찰 비행 임무를 맡게 됩니다.

1944년 7월 31일 아침 8시 45분, 마지막 정찰 임무를 띠고 이륙한 생텍쥐페리의 비행기는 다시 돌아오지 않았습니다. 어쩌면 그는 어린 왕자처럼 자신만의 별을 찾아 떠났는지도 모릅니다. 하늘을 사랑했고 하늘에서 사라져 간 생텍쥐페리는 너무도 따뜻하고 아름다운 작품 〈어린 왕자〉를 통해 전 세계 사람들로부터 두고두고 사랑받고 있습니다.

생명을 살린 검은 손

때 : 흑인 인종 차별이 심하던 1930~1940년대
곳 : 미국의 어느 도시
나오는 이 : 비비언 토마스, 의사, 친구, 학생1, 학생2, 구급대원1,
　　　　　　구급대원2, 간호사, 엄마, 제자1, 제자2, 경찰

1장 [의과 대학 복도]

학교 복도에서 대걸레질을 하던 흑인 청년 토마스가 교실에서 동물 해부 실험을 하는 백인 대학생들의 수업을 부러운 듯이 바라보고 있다. 복도를 걸어오던 백인 학생 둘이 교실을 들여다보던 토마스의 어깨를 밀치자 토마스가 바닥에 넘어진다.

학생1 : (넘어진 토마스를 내려다보며) 흑인 주제에 어딜 넘보고 있어!
학생2 : 그 걸레로 청소나 하라고!

두 학생이 교실로 들어가고, 토마스가 대걸레 자루를 붙잡고 자리에서 일어선다. 그리고 굳은 표정으로 하늘을 바라본다.

토마스 : (무언가 결심한 표정을 지으며 혼잣말로) 나도 언젠가는 의사가 되고 말 거야…….

2장 [창고]

토마스가 작은 창고에서 고장 난 자전거를 수리하고 있고, 옆에서 토마스의 친구가 이 모습을 지켜보고 있다.

친구 : (토마스가 수리하는 모습을 이리저리 둘러보며) 우와, 정말 대단해! 이걸 어떻게 고칠 수 있지? 백인들은 엄두도 못 낼 거야.

토마스 : (멋쩍어하며) 뭐 이 정도쯤이야. 자, 다 됐어. 이제 잘 움직일 거야.

친구 : 토마스, 네 손은 신이 주신 선물이 분명해. 그렇지 않고서야 어떻게 이런 고물을 다시 움직이게 만들 수 있겠어?

토마스 : 난 말이야, 지금은 고장 난 기계를 고치는 일을 하지만 언젠가는 사람을 고치는 일을 하고 싶어. 몸이 고장 난 사람을 고치는 일 말이야.

친구 : 뭐? 사람을 고친다고? 그럼 의사가 되겠다는 거야?

토마스 : 그래, 의사. 의사가 되어서 죽어 가는 사람들에게 생명을 불어넣어 주고 싶어.

친구 : 에이, 토마스! 우리 같은 흑인이 어떻게 의사가 된다는 거야. 흑인은 대학에 갈 수 없어. 더구나 의사가 된다니, 말도 안 돼!

토마스 : 왜 말이 안 돼? 난 의사가 될 거야! 꼭 될 거라고!

친구 : 백인들이 가만있지 않을 거야. 아마 널 죽이려고 할걸? 그냥 목수로 만족해. 넌 좋은 목수가 될 거야.

토마스 : 목수라고? 내가 목수 일을 하는 건 의대에서 공부할 학비를 벌기 위해서라고.

친구 : 내 말 들어, 토마스. 넌 손재주가 좋아서 아주 훌륭한 목수가 될 거야. 그러면 돈도 많이 벌 수 있잖아.

토마스 : 좋은 목수가 되는 것도 좋지만, 좋은 의사가 되어서 사람의 생명을 구하고 싶단 말이야.

친구 : 정말 못 말리겠군. 그렇다면 나도 응원해 줄게. 넌 이미 훌륭한 목수지만, 네 소망대로 꼭 사람을 고치는 의사가 되길 바라.

토마스 : 고마워, 친구.

친구 : 신의 손 목수 토마스, 파이팅! 신의 손 의사 토마스, 파이팅! (토마스를 부둥켜안고 큰 소리로 웃는다.)

3장 [창고]

토마스가 작고 어두운 창고에서 동물 모형을 가지고 해부 실험을 하고 있다. 이때 밖에서 거세게 문을 두드리는 소리가 들린다. 토마스의 친구가 문 밖에서 큰 소리로 토마스를 부른다. 토마스가 하던 일을 멈추고 자리에서 일어서는 순간 친구의 목소리가 들린다.

친구의 목소리 : (문 두드리는 소리와 함께) 토마스, 비비언 토마스! 거기 있어? 큰일 났어! 내슈빌 은행이 파산했대. 내슈빌 은행이 망해 버렸다고……. 흐흐흑…….

토마스가 절망스러운 듯 두 손으로 머리를 감싸고 자리에 주저앉는다.

친구의 목소리 : (울부짖는 듯한 목소리로) 우린 망했어! 망했다고! 그 동안 우리가 열심히 일해서 번 돈이 다 날아가 버렸어. 토마스, 네가 의대에 가려고 모은 학비도 다 날아가 버렸단 말이야…….

4장 [의사의 연구실]

10년의 세월이 흐른 후, 조수로 일하고 있는 의사를 따라 큰 도시의 병원으로 오게 된 토마스. 의사의 연구실에서 수술 도구들을 깨끗이 씻어 정리하는 일을 하고 있다. 의사는 연구실 탁자 위에 놓인 사람의 심장 모형으로 수술 연습을 하고 있다. 토마스가 정리를 하면서 의사가 연습하는 모습을 뚫어지게 쳐다본다.

토마스 : (의사의 수술 연습을 집중해서 바라보다가 손에 들고 있던 수술 가위를 바닥에 떨어뜨린다.) 아, 이런! 죄송합니다, 선생님. 제가 잘못했습니다.
의사 : (토마스가 떨어뜨린 수술 가위를 집어 든다.) 가위 좀 떨어뜨린 게 뭐 그리 잘못이라고. 난 더 큰 잘못을 저지르고 있는데…….
토마스 : (의사가 건넨 수술 가위를 받아 들면서) 큰 잘못이라니

요······.

의사 : (수술 연습을 하던 모형 심장을 가리키며) 바로 이거 말이야.

토마스 : 네? 도대체 무슨 말씀이신지······.

의사 : 나는 죽어 가는 아이들을 살리고 싶어서 의사가 되었지. 그런
데 살리기는커녕 오히려 수술을 하다가 아이를 죽게 만드는 큰
잘못을 저지르고 있다고.

토마스 : (의사에게 다가가서) 선생님은 누구보다 훌륭한 의사시잖아
요. 그런데 아이들을 죽게 만들다니요?

의사 : (탁자 위의 모형 심장을 가리키며) 이걸 보게, 토마스. 이건 어
린아이의 심장을 그대로 본떠서 만든 거라네.

토마스 : (모형 심장을 손으로 집어 들고 유심히 살펴본다.) 어린아이
의 심장은 이렇게 작군요.

의사 : 그 안을 자세히 살펴보게.

토마스 : (모형 심장의 속을 들여다본다.) 핏줄이 많이 뒤엉켜 있어요.

의사 : 토마스, 자네, 입술이 파란 아이를 본 적이 있나?

토마스 : 입술이 파란 아이요?

의사 : 그래, 입술이 유독 파란색을 띠는 아이가 있지.

토마스 : 아, 맞아요! 제가 어렸을 때 저희 동네에 입술이 유독 파란 아
이가 있었어요. 흑인인데도 파란 입술이 눈에 띌 정도였지요.
늘 힘이 없어 보였고, 놀이터에서도 놀지는 않고 의자에만 앉아
있었어요. 그런데 어느 날부터인가 안 보이더라고요.

의사 : 아마도 하늘나라로 갔겠지.

토마스 : 그 아이가 죽었을 거라고요? 왜 그렇게 생각하세요?

의사 : 그건 청색증이야. 심장에 병이 있다는 증거지. 심장에 병이 있는 아이들은 입술이 유독 파랗게 되거든.

토마스 : 그럼, 그런 아이들은 모두 죽게 되는 건가요?

의사 : 살릴 수 있는 방법이 있지.

토마스 : 방법이 있어요?

의사 : 그래. 하지만 실제로는 그런 아이들을 살리지 못하고 있어.

토마스 : 어째서죠?

의사 : 심장 속에 있는 아주 작은 혈관을 연결해야 하는데 아직까지 누구도 이 수술을 성공시키지 못했거든. (토마스의 손에 들린 모형 심장 안을 가리키며) 거기 가늘고 길게 뻗은 혈관이 있을 거야. 잘 안 보일 수도 있으니 자세히 봐야 해.

토마스 : 네, 굵은 혈관 뒤에 있는 작은 핏줄이 보여요.

의사 : 그 가늘고 기다란 혈관을 잘라서 문제를 해결한 후 다시 이어 줘야 해. 그러면 심장의 혈액이 온몸으로 잘 돌아가게 되고, 청색증에 걸린 아이들의 생명을 살릴 수 있지.

토마스 : 그렇군요.

의사 : 난 지쳤어. 벌써 10년이 넘게 그 혈관을 서로 이어 붙이려고 노력했지만 번번이 실패했어. 내 수술이 잘못돼서 아이들이 죽는 거라고……. (괴로운 듯이 의자에 털썩 주저앉는다.)

토마스 : (무언가 곰곰이 생각하다가) 선생님, 저 모형 심장을 제게 빌려 주실 수 있나요? 선생님께서 안 계실 때 제가 수술 연습을

해 보고 싶습니다.

의사 : 자네가 연습을 한다고?

토마스 : 네, 선생님.

의사 : 자네의 손재주가 좋다는 이야기는 이미 들었어. 훌륭한 목수였
　　　다는 것도 잘 알고 있지. 하지만 심장 수술은 그것과는 아주 다
　　　른 거라네.

토마스 : 네, 저도 잘 알고 있습니다. 그냥 연습만 할 수 있도록 제게 기
　　　회를 주세요.

의사 : 그야 어렵지 않지. 내가 퇴근하고 나면 토마스 자네가 얼마든지
　　　연습하게. (옷을 갈아입는다.) 난 이만 집에 가서 쉬어야겠어.

토마스 : (흥분된 표정과 말투로) 네, 선생님. 어서 집에 가서 편히 쉬
　　　세요. 저는 연구실에서 정리를 더 하다 가겠습니다.

의사 : (연구실 문을 나서며) 자네도 너무 무리하지 말고 일찍 집에 들어가서 쉬게.

토마스 : (의사를 연구실 밖까지 배웅하며) 네, 선생님. 안녕히 가십시오.

연구실에 혼자 남은 토마스, 탁자 위에 놓인 모형 심장을 이리저리 살펴본다. 그리고는 눈을 감고 모형 심장 안에 손가락을 넣어 여기저기 만져본다. 연구실의 조명이 서서히 어두워지고 아무것도 보이지 않는 상태가 잠시 이어진다. 뒤이어 토마스의 목소리가 들린다.

토마스의 목소리 : 됐어, 됐어! 바로 이거야! 이렇게 하면 되는 거야. 해냈어! 내가 해냈어! 내가 어린아이들의 생명을 살릴 수 있게 됐어!

5장 [병원 응급실]

어둠 속에서 갑자기 요란한 구급차 사이렌 소리가 들린다. 구급대원들이 들것에 실린 어린 환자를 데리고 들어온다. 그 옆에는 환자의 엄마가 같이 따라 들어온다.

구급대원1 : (손을 휘저으며 다급한 목소리로) 비키세요! 위급한 환자예요! 의사 선생님, 의사 선생님 어디 계세요?

의사 : (급히 응급실에 들어서며) 무슨 일인가요?

구급대원2 : 어린 환자입니다. 집에서 갑자기 쓰러졌다고 합니다.

간호사 : (들것에 누운 어린 환자의 얼굴을 확인하고는) 전에 병원에
온 적이 있는 환자예요. 청색증을 앓고 있었는데, 증세가 악화
돼서 쓰러진 것 같아요.

엄마 : (의사에게 매달리며) 선생님, 제발 살려 주세요! 제발 우리 아
이를 살려 주세요! 이렇게 죽게 할 수는 없어요, 선생님!

의사 : (어머니를 다독이며) 진정하세요, 어머니. (간호사에게) 지금 당
장 심장 수술 준비를 하세요.

간호사 : 심장 수술이요? 선생님, 청색증 수술은 지금까지 한 번도 성
공한 적이 없잖아요.

의사 : 그렇다고 환자를 그냥 죽게 내버려 둘 순 없잖아요!

엄마 : (의사와 간호사에게 무릎을 꿇고 두 손을 모으며) 제발, 제발,
우리 아이 좀 살려 주세요! 제발요…….

의사 : (갑자기 무언가 생각난 듯한 표정으로) 토마스, 비비언 토마스
를 찾아와요.

간호사 : (의아한 표정을 짓는다.) 비비언 토마스요? 그 사람은 왜요?

의사 : 그 사람이 이 아이를 살릴 수 있는 유일한 기회예요.

간호사 : 비비언 토마스가 이 아이를 살릴 수 있다고요? 그 사람은 의
사도 아니잖아요.

의사 : 의사는 아니지만 오랫동안 내 연구실에서 나와 함께 심장 수술
연습을 해 왔기 때문에 그 어떤 의사보다 이 수술에 대해서 잘
알고 있어요. 나를 도와줄 수 있는 사람은 비비언 토마스뿐이

에요. 어서 빨리 찾아오세요.

구급대원1 : 그럼, 저희가 비비언 토마스를 찾아서 데려오겠습니다. 그
동안 수술 준비를 해 주세요.

6장 [병원 수술실]

의사가 수술 준비를 하고 있고, 의사의 제자들이 수술을 돕기 위해
수술대 옆에서 마스크를 쓰고 서 있다. 의사가 바로 수술을 시작하지
않고 초조한 얼굴로 수술대와 시계를 번갈아 바라본다. 간호사와 제
자들이 의사의 그런 모습을 당황스럽게 지켜보고 있다.

간호사 : (작은 목소리로) 선생님, 지금 시작하셔야 해요. 시간이 별로
없어요. 아이의 심장이 언제 멈출지 몰라요.

제자1 : 네, 선생님. 지금 수술을 시작하셔야 합니다. 저희들이 도와드
릴 테니 어서 시작하세요.

의사 : (몸을 돌려 수술실 문을 바라본다. 누군가를 기다리는 듯한 표
정이다.)

제자2 : 누가 또 올 사람이 있나요? 누구를 기다리시는 거죠?

이때 토마스가 수술복을 입으며 황급히 수술실로 들어선다. 제자
들이 토마스를 보고 깜짝 놀란다. 간호사는 어쩔 줄 몰라 고개를 돌
린다.

제자1 : (토마스에게 다가간다.) 이 사람은 선생님 연구실에서 일하는 흑인 비비언 토마스 아닌가요?

제자2 : 당신이 여긴 웬일이야?

제자1 : (토마스의 수술복을 벗기며) 당신 같은 흑인은 여기 들어오면 안 돼. 여긴 신성한 수술실이란 말이야. 사람의 생명을 살리는 수술실!

제자2 : (간호사에게) 경찰을 부르세요. 어서요! 이 사람을 수술실에서 쫓아내야 해요.

간호사 : (의사와 제자들의 눈치를 보다가 수술실 밖으로 나간다.)

토마스 : (의사와 제자들을 번갈아 바라본다.) 제가 잘못 온 건가요?

이때 경찰과 간호사가 수술실로 들어온다.

경찰 : 무슨 일이죠? 수술실에서 무슨 일이 있는 건가요?

제자1 : (토마스를 가리키며) 이 흑인을 당장 여기서 내쫓으세요.

제자2 : 감히 흑인이 여기가 어딘 줄 알고 들어와! 게다가 의사가 입는 수술복을 훔쳐 입기까지 하고 말이지.

토마스 : (수술복을 벗어 바닥에 내던진다.) 그만하세요! 내가 잘못 왔군요. 그래요, 난 흑인이에요. 하지만 난 누가 나를 불렀다고 해서 여기 온 거라고요. 그런데 다들 내가 여기 있어선 안 된다고 하니 나가죠. 나가면 되잖아요!

의사 : (단호한 표정과 목소리로) 다들 그만! 내가 불렀어요. 내가 토마

스를 불렀다고요.

의사의 말이 끝나자 어린 환자의 엄마가 수술실로 다급히 들어
온다.

엄마 : 무슨 일이에요? 우리 아이 살릴 수 있는 건가요? 왜 수술은 안
　　　하고 경찰을 부른 거죠? (옆에 있던 토마스를 발견하고는) 이 흑
　　　인은 또 누구예요? 흑인이 여기 왜 있는 거죠?

제자1 : 바로 이 흑인 때문에 수술을 못 하고 있어요.

제자2 : 이 흑인이 수술을 방해하고 있다고요.

경찰 : (토마스의 팔을 잡는다.) 갑시다. 당신은 수술을 방해하고 있
　　　어요.

의사 : 잠깐, 다들 잠깐만 내 말을 들어 봐요. (아이의 엄마에게 다가간
　　　다.) 이 사람은 당신 아이를 살릴 수 있는 유일한 사람이에요.

엄마 : (깜짝 놀란 표정으로) 그게 무슨 말씀이세요? 이 흑인이 제 아
　　　이를 살린다고요? 선생님이 의사시잖아요!

의사 : 맞아요. 제가 의사예요. 하지만 전 한 번도 이 수술을 성공한 적
　　　이 없어요. 단 한 번도요.

엄마 : 그럼 이 흑인은요? 이 흑인은 성공한 적이 있나요?

의사 : (고개를 저으며) 아니요. 이 사람도 성공한 적은 없습니다.

제자1 : 선생님, 그런데 어떻게 저 흑인에게 수술을 맡긴다는 건가요?

제자2 : 선생님의 제자는 바로 저희들이라고요.

의사 : 나도 자네들이 훌륭한 의사라는 것을 잘 알고 있네. 하지
　　　만…….

제자2 : 하지만요?

의사 : 하지만 이 수술에 대해서 가장 잘 알고 있는 사람은 바로 토마
　　　스네. 토마스는 오랫동안 내 옆에서 이 수술에 대해 지켜봐 왔
　　　고, 누구보다 수술을 잘할 수 있는 손을 갖고 있다네.

엄마 : 무슨 말인지 하나도 모르겠어요.

의사 : 청색증을 앓는 어린아이의 심장. 그 속에 있는 가느다란 혈관
　　　을 오로지 손의 감각만으로 수술해야 하는데, 토마스는 그걸
　　　해낼 능력이 있어요.

제자1 : 하지만 수술 경험이 단 한 번도 없잖아요.

의사 : 그래, 이번이 첫 수술이지. 그래도 난 토마스가 이 수술을 성공
　　　할 거라고 확신하네.

엄마 : (울음을 멈추고 토마스에게 다가간다.) 당신이 우리 아이를 살
　　　릴 수 있어요? (토마스의 두 손을 들어 본다.) 당신이 정말 이 손
　　　으로 우리 아이를 살릴 수 있냐고요?

의사 : 대답하게. 죽어 가는 이 아이를 살릴 수 있는지 아이 엄마 앞에
　　　서 말해 보게. 자신 없으면 이 수술실에서 나가서 다시는 돌아
　　　오지 말게.

토마스 : (자신의 두 손을 잡고 있는 엄마의 손을 꼭 잡는다.) 네, 살릴
　　　수 있습니다!

엄마 : (의사에게 걸어가) 아이를 살릴 수만 있다면 뭐라도 하겠어요.

저 흑인의 손에 제 아이의 목숨을 맡기겠습니다.

제자1 : 뭐라고요? 흑인에게 수술을 맡긴다고요?

제자2 : 신성한 수술실에서 흑인이 수술을 한다니, 말도 안 되는 일이에요. 전 이 수술실에 있을 수 없습니다. (수술실 문을 박차고 나가 버린다.)

제자1 : 절대로 성공할 리가 없어요. 백인도 해내지 못한 수술을 흑인이 할 수 있을 리가 없다고요. 저도 떠나겠습니다.

엄마 : (하늘을 올려다보며 두 손을 모은다.) 모든 건 하늘의 뜻이겠죠. (경찰과 함께 수술실 밖으로 나간다.)

의사, 토마스, 간호사 셋이 수술대 주위에 선다. 의사가 바닥에 떨어진 수술복을 주워 토마스에게 입혀 준다. 이어서 간호사가 수술 도구를 집어서 의사에게 건넨다. 의사는 수술 도구를 한 번 바라보고는 비장한 표정으로 토마스의 손에 쥐어 준다. 잠시 토마스와 의사가 눈빛을 주고받고, 곧 토마스가 수술을 시작한다. 비장한 음악이 흐르면서 수술실의 조명이 어두워진다.

7장 [아이의 병실]

병실 침대에 아이가 누워 있고, 그 옆에 아이 엄마가 앉아 있다. 잠시 후 의사와 간호사가 병실 문을 열고 들어선다.

엄마 : (의사를 보고는 일어나 의사를 얼싸안는다.) 선생님, 감사합니

다! 정말 감사합니다! 저희 아이를 살려 주셔서…… 이 은혜를
어떻게 갚아야 할지…….

의사 : 아이를 살린 건 제가 아니라 토마스입니다.

엄마 : (고개를 떨구고 잠시 말이 없다가 아이의 얼굴을 쓰다듬으며)
네, 선생님. 저도 알고 있어요. 그 흑인이, 아니 비비언 토마스가
바로 우리 아이를 살렸다는 사실을요. (병실 문 밖에 서 있던
토마스를 발견하고는 다가가 토마스의 두 손을 잡는다.) 바로
이 손이군요. 제 아이를 살린 손. 당신이 제 아이의 생명을 살
렸어요. 제 아이의 수술이 성공하던 순간, 저도 다시 살아난 거
예요.

토마스 : 아닙니다. 제 손으로 아이를 수술할 수 있게 허락해 주셔서
오히려 감사드립니다. 저의 소원을 이룰 수 있게 해 주셨어요.

의사 : 우리 모두가 생명을 살린 거라고 해야겠군요.

간호사 : 저도 생명을 살린 건가요?

토마스 : 그럼요. 절 잡아가라고 경찰을 불러온 것만 빼고요.

간호사 : 그, 그건…….

행복한 웃음소리가 병실에 울려 퍼진다.

8장 [의과 대학 강당/의과 대학 수술실]

10여 년이 지난 후. 무대의 한쪽에는 의과 대학 강당, 다른 한쪽은
의과 대학의 수술실로, 분리된 두 무대가 동시에 보인다. 강당에서는

‘올해의 의사’ 수상식이 열리고 있고, 단 위에 올라선 의사가 손에 상을 든 채 수상 소감을 말하고 있다. 수술실에서는 백인과 흑인 학생들이 섞여서 지켜보고 있는 가운데 비비언 토마스가 모형 심장으로 수술 시범을 보이고 있다.

의사 : 우리는 지난 수십 년간 청색증을 앓는 아이들의 생명을 구하기 위해 연구해 왔습니다. 그러나 번번이 실패하여 포기하려고 했습니다. 그런데 한 사람의 손으로 그 수술법을 터득하게 되었고, 그로 인해 수많은 어린이들이 새 생명을 얻게 되었습니다. 이제 더 이상 청색증으로 죽는 아이들은 없을 것입니다.

토마스 : 자, 여기를 이렇게 손의 감각을 최대한 이용해서…… 바로 이 부분을 잘라야 합니다.

의사 : 지금 이 상을 제가 받고 있지만, 정작 상을 받아야 할 사람은 따로 있습니다. 그는 지금도 수술실에서 어린 생명을 살리기 위한 수술 방법을 학생들에게 가르치고 있습니다.

토마스 : (한 학생의 손을 잡고 모형 심장의 한쪽을 같이 만지며) 바로 이거에요! 바로 여기를 이렇게 해서…….

의사 : 우리는 더 이상 피부의 색으로 사람을 구분해서는 안 됩니다. 그는 흑인이었지만 수많은 백인 어린이들의 생명을 구했습니다. 새 생명을 얻은 아이들의 부모들에게도 새로운 삶을 준 것입니다. 비비언 토마스가 바로 이 위대한 일을 해냈다는 것을 우리가 기억해야 합니다.

토마스 : 자, 이제 다들 잘할 수 있겠죠? 난 이제 그만…….

    수술실 문을 나서는 토마스에게 학생들이 정중히 인사하고 박수를 친다. '올해의 의사' 수상식장에서도 박수 소리가 요란하게 들린다. 문을 나서는 토마스와 수상식장의 의사가 서로를 바라보며 흐뭇하게 미소를 짓는 가운데 막이 내린다.

흑인 닥터 비비언 토마스

1910년 9월 29일 미국 루지애나주에서 태어난 비비언 토마스는 아프리카에서 건너온 흑인 노예의 자손이었습니다. 어릴 때부터 손재주가 좋아 망가진 물건을 고치곤 했던 토마스는 아픈 사람을 치료하는 의사가 되기로 결심합니다. 하지만 인종 차별이 심하던 당시 미국에서 흑인은 의사가 되기는커녕 대학에 입학하는 것조차 거의 불가능했습니다.

그래도 꿈을 포기하지 않고 노력하던 토마스는 친구의 소개로 한 의과 대학의 연구실에서 일하게 됩니다. 그리고 이곳에서 알프레드 블래록 박사를 만납니다. 토마스는 블래록 박사의 연구실에서 수술 도구 정리와 청소 같은 일을 하면서 의학 지식과 수술 방법 등을 익혔습니다. 그런 토마스를 눈여겨보던 블래록 박사는 그의 열정과 재능을 알아보고, 존스홉킨스 대학의 교수로 자리를 옮길 때 토마스를 보조 연구자로 데리고 갔습니다.

하지만 기쁨도 잠시, 토마스는 이전보다 더 심한 인종 차별을 겪어야 했습니다. 존스 홉킨스 대학의 사람들은 토마스를 보조 연구자로 대우하지 않고 청소부쯤으로 여기며 무시했습니다. 이런 상황에서도 토마스는 오히려 흑인도 의사가 될 수 있다는 신념을 더욱 굳게 다졌습니다.

당시 블래록 박사는 청색증을 앓는 어린이들의 심장 수술에 대해 연구하고 있었는데, 날이 새도록 연구하고 연습하는 블래록 박사 곁에는 항상 토마스가 있었습니다. 그러던 어느 날, 태어난 지 18개월 된 여자아이가 청색증으로 병원에 실려 옵니다. 블래록 박사는 아이를 살리기 위해서 토마스와 함께 지금껏 한 번도 성공한 적이 없는 수술을 감행하고, 마침내 성공합니다.

수술의 성공으로 미국뿐 아니라 전 세계에 이 수술 방법이 알려져, 수많은 어린 생명을 구할 수 있게 되었습니다. 블래록 박사와 토마스는 그간의 노고를 인정받게 되었고, 흑인이라며 차별하고 무시하던 백인 의사와 학생들도 수술 방법을 배우고자 토마스를 찾았습니다.

1969년, 토마스에게서 의학 지식과 기술을 익힌 학생들이 그를 존경하는 마음을 담아 토마스의 초상화를 그렸습니다. 이 초상화는 알프레드 블래록 박사의 초상화와 함께 존스 홉킨스 의과 대학의 한쪽 벽면에 나란히 걸려 있습니다. 또한 그의 일생은 영화로도 제작되어 사람들에게 감동을 주었습니다.

까꾸로 살라우

때 : 한국 전쟁 때부터 1990년대까지

곳 : 전쟁터와 안과 병원 등

나오는 이 : 공병우(소년 공병우), 북한군, 유엔군, 한국군, 아버지,

북한군 병사(환자/발표자), 북한군 간부

1장 [판문점]

1953년 7월 27일, 한국 전쟁의 정전에 관한 협정이 이루어지고 있는 판문점. 합의된 선언문을 한글 문서로 작성하기 위해 유엔군과 북한군, 한국군이 모여 앉아 있다.

유엔군 : 허리 업! 허리 업!

북한군 : (유엔군이 보여 주는 문서를 열심히 베껴 적고 있다.) 알았씨요, 다그치지 좀 말라우요. 나도 엄청 서두르고 있습네다.

유엔군 : 허리 업! 허리 업!

북한군 : 거참, 서두르지 좀 말라니깐 그러네. 허리 업은 무슨 허리 업. 내 허리나 업했으면 좋갔시유. (허리를 두드리며) 아이고, 허리야……. (옷소매로 이마의 땀을 닦아 가며 문서를 베껴 쓴다.)

한국군 : (자리에 바른 자세로 앉아서 문서를 보면서 타자기를 치고 있

다.) 자, 됐군. (자리에서 일어나 문서를 유엔군에게 전달한다.)

미군 : 굿! 엑설런트!

북한군 : (한국군의 모습을 바라본다.) 거참, 저거이 뭔데 저렇게 빨리 글자를 쓴단 말이네? 탁탁탁탁 소리만 요란한데 벌써 다 썼단 말이네?

한국군 : (북한군이 진땀을 흘리며 문서를 베껴 쓰는 모습을 측은하게 바라본다.) 쯧쯧…….

북한군 : (한국군을 힐끔 쳐다보더니 모자를 벗어 던진다.) 내 힘들어서 더 이상 못 하겠네! 아이고, 힘들어……. 조거이, 조거이, 당췌 무슨 기곈데…….

2장 [소년 공병우의 집]

한적한 시골의 작은 초가집 안방. 소년 공병우가 병으로 몸져누운 아버지의 모습을 안타깝게 바라보며 앉아 있다.

소년 공병우 : 아버지, 이렇게 누워 계시기만 하면 어떡해요? 어서 건강을 회복해서 일어나셔야죠.

아버지 : 병우야, 이제 이 아비는 세상을 떠날 시간이 온 것 같구나.

소년 공병우 : 그런 말씀 마세요, 아버지. 아버지가 안 계시면 저는 어떻게 살라고요.

아버지 : 병우야, 이 말만 꼭 기억해라.

소년 공병우 : 네, 아버지. 말씀하세요.

아버지 : 거꾸로 살아야 한다. 거꾸로 말이다.

소년 공병우 : 거꾸로 살라고요?

아버지 : 그래, 남들처럼 똑같이 살지 말고 거꾸로 살아야 해……. (고개를 떨구고 숨을 멈춘다.)

소년 공병우 : (아버지 품에 안겨 흐느낀다.) 아버지, 아버지! 으흐흑…….

3장 [공병우의 안과 병원]

성인이 되어 안과 의사가 된 공병우가 자신의 병원에서 환자를 진료하고 있다.

공병우 : 어디가 불편해서 오셨나요?

환자 : (퉁명스럽게) 다 불편해서 왔는데요.

공병우 : 여기는 안과 병원입네다.

환자 : 누가 그걸 모르는 줄 압네까?

공병우 : (환자를 유심히 살펴본다.) 혹시…… 고향이 이북?

환자 : 그렇소, 고향이 평안도외다.

공병우 : (반가워하며) 저도 고향이 평안도외다. 가끔 사투리가 나와서리…….

환자 : (자리에서 벌떡 일어나더니 주머니에서 흉기를 꺼내 의사에게 들이댄다.) 그럼 내가 누군지도 알겠군.

공병우 : 왜, 왜 이러시오?

환자 : 날 모른단 말이오?

공병우 : 당신이 누군지 내가 어떻게……

환자 : 날 자세히 보라우. 보라니까!

공병우 : 글쎄, 자세히 봐도 모르겠다니까요.

환자 : 잘 기억해 보라고!

4장 [한국 전쟁이 한창인 전쟁터]

포탄 소리와 총 소리, 비명 소리들이 들리는 가운데 공병우가 타자기를 품에 안고 주변을 두리번거리고 있다.

북한군 병사 : (공병우를 발견하고 총을 겨눈다.) 거기 서라! 서! 안 서면 쏜다!

공병우 : (북한군 병사의 말에 걸음을 멈춘다.) 쏘, 쏘지 마세요.

북한군 병사 : (공병우에게 다가와 총을 들이대며) 어딜 가는 거지?

공병우 : 그, 그냥 산책하는 거예요.

북한군 병사 : 거짓말! 그 품에 안은 건 뭐냐?

공병우 : 아니 이건, 별거 아니에요.

북한군 병사 : 어디, 이리 가져와 봐.

공병우 : (타자기를 뺏기지 않으려고 뒤로 감춘다.) 정말 아무것도 아니라니까요.

북한군 병사 : 아무것도 아닌데 왜 감추는 거야? 수상하군. 이리 와라. 같이 가야겠다.

북한군 부대 막사 안. 북한군 간부와 병사가 공병우를 의자에 앉혀 놓고 심문을 한다. 책상 위에는 타자기가 놓여 있다.

북한군 병사 : 이놈이 수상한 기계를 가지고 있기에 제가 잡아 왔습니다.

북한군 간부 : 그 기계는 뭐 하는 거냐?

공병우 : 이건 아무것도 아니에요.

북한군 간부 : 아무것도 아니라고? 그럼 쓸모없는 물건이로군. (옆에 있던 병사에게) 이 기계를 내다 버리고 이놈도 총으로 쏴 죽여 버려라.

북한군 병사 : 네, 알겠습니다. (공병우를 일으켜 세워 나가려고 한다.)

공병우 : (북한군 병사의 팔을 뿌리치며) 아니에요, 이건 타자기예요. 타자기라고요!

북한군 간부 : 타자기? 그게 뭐에 쓰는 건데? 어디, 어떻게 쓰는지 직접 시범을 보여 봐라. 죽고 싶지 않으면 당장!

공병우 : (책상 위에 있던 종이를 타자기에 끼워 넣고 치기 시작한다.) 이렇게 글자를 쳐서 문서를 만드는 거예요.

북한군 간부·병사 : (타자기에서 글자가 찍히는 것을 보고 신기해한다.) 아니, 이런 신기한 기계가 있다니!

북한군 간부 : (병사에게) 어서 상부에 보고를 해라. 우리가 엄청난 기계를 찾았다고. 그리고 이 기계는 압수하고 이놈은 밖으로 데리고 나가서 죽여 버려.

북한군 병사 : 네.

공병우 : 잠깐, 잠깐만요! 이 기계는 설계도가 없으면 아무 소용이 없어요.

북한군 간부 : 설계도? 그게 어디 있는데?

공병우 : 내 머릿속에 있어요. 그러니까 날 죽이면 설계도도 날아가는 거예요. 날 살려 주면 설계도를 그려 드리겠습니다.

북한군 간부 : (곰곰이 생각하더니) 좋다. 내일 아침까지 그 설계도를 그려 놓아라. 만일 내일 아침까지 그리지 못하면 네 목숨은 없는 줄 알아. (북한군 병사에게) 저놈을 잘 지키고 있어. (밖으로 나간다.)

북한군 병사 : (종이 다발을 건네며) 여기 종이는 많이 있으니까 어서 그려. 그래야 나도 좀 높은 자리로 올라갈 테니까. 히히.

142

공병우 : 알겠어요. 집중을 해야 하니 조용히 옆에 앉아서 기다려요.

북한군 병사 : (공병우의 목에 총을 들이대며) 허튼짓 했다간 알지?

　　　　(자리에 가서 앉는다.)

　얼마의 시간이 지나고 공병우를 지키고 있던 북한군 병사가 졸기 시작한다. 공병우는 설계도를 그리는 시늉을 하다가 북한군이 총을 떨어뜨리고 잠에 들자 살며시 막사를 빠져나와 도망친다.

　잠시 후 호루라기 소리가 요란하게 들린다. '잡아라!', '어서 잡아!' 하는 북한군의 목소리, 개 짖는 소리, 호루라기 소리가 뒤섞여 들린다.

5장 [공병우의 안과 병원]

　다시 공병우의 병원 진료실. 환자가 흉기를 들고 공병우 앞에 서 있다.

환자 : 어때, 이래도 모르겠단 말이냐?

공병우 : 그러면 그때 그 북한군 병사가 당신이란 말이오?

환자 : 그래. 그때 네놈이 도망치는 바람에 나는 영창에 갇혔다. 진급 은커녕 군대에서 쫓겨나 지금까지 고생을 하며 살아왔지. 목숨 도 잃을 뻔했지만 몰래 북한을 탈출해서 남으로 내려와 살았 다. 그리고 네놈을 찾으려고 여기저기 돌아다녔다.

공병우 : 그랬었군. 그래서 지금 어떻게 하겠단 말이오?

환자 : 그 설계도를 받아서 다시 북으로 갈 거다.

공병우 : 북으로 다시 가면 당신을 받아들일 것 같소?

환자 : (머뭇거리며) 그, 그건 네가 상관할 바가 아니야!

공병우 : 그러지 말고 내 말을 들어요. 내가 좋은 방법을 알려 주겠소.

환자 : 좋은 방법? 그게 뭐냐? 또 나를 속이고 도망칠 생각은 아니겠지?

공병우 : 여긴 내 병원이오. 내가 어디로 도망을 간단 말이오?

환자 : (주변을 두리번거린다.) 그래? 그럼 한번 말해 봐!

공병우 : 까꾸로 살라우!

환자 : 뭐?

공병우 : 우리 평안도 사투리로 거꾸로 살란 말이외다.

환자 : 까꾸로 살라니 무시기 소리를 지껄이는 거야?

공병우 : 생각을 거꾸로 해 보란 말이오. 설계도를 가지도 북으로 돌아갈 생각하지 말고 남한에서 타자기를 팔아 보면 어떻겠소?

환자 : 내가 그걸 어떻게 팔아? 난 돈도 없고, 이곳에 아는 사람도 없고 아무것도 없는데.

공병우 : 내가 있잖소.

환자 : 뭐?

공병우 : 나는 원래 의사요. 타자기를 발명하기도 했지만 본업은 사람들의 눈을 고치는 안과 의사지. 내가 만든 타자기를 많은 사람들이 쓰도록 하고 싶지만 난 그런 일을 할 시간이 없소. 그러니

당신이 그 일을 맡아서 해 달란 말이오.

환자 : 당신이 나한테 그런 일을 맡긴단 말이야?

공병우 : 그래요, 바로 당신이 해 주면 좋겠소.

6장 [국산 워드 프로그램 발표회장]

국내에서 개발한 컴퓨터용 워드 프로그램의 업그레이드 버전 발표
회장. 단정하게 정장을 차려 입은 남자가 프로그램 패키지를 손에 들
고 서서 발표를 하고 있다.

발표자 : 순수 국내 기술로 개발한 국산 워드 프로그램인 저희 프로그
　　　　램이 이번에 새로운 버전을 출시하게 되었습니다. 문화도 다르
　　　　고 언어도 다른 외국에서 만든 워드 프로그램으로는 세계적으
　　　　로 우수한 우리 한글을 제대로 표현할 수가 없습니다. 공병우
　　　　박사는 이러한 미래를 예견하고 한글의 기계화에 앞장서셨습
　　　　니다. 공병우 박사의 세벌식 타자기가 없었더라면 지금 이 프로
　　　　그램도 없었을 것입니다. 남들과는 다른 눈으로 시대를 앞서간
　　　　공병우 박사의 정신이야말로 오늘날 우리에게 필요한 '거꾸로
　　　　살아가는' 정신이 아닐까요.

청중들의 환호성과 박수가 들린다. 남자가 하늘을 바라본다.

발표자 : (혼잣말로) 박사님, 저 잘하고 있는 거죠? 까꾸로 살라고 하

신 말씀대로 잘 살고 있습네까?

공병우 목소리 : 그래, 자알 살고 있다. 아주 자알 까꾸로 살고 있음

메…….

함께 읽는
이야기

한글을 사랑한 공병우

공병우 박사는 한국인 최초의 안과 의사입니다. 1938년 한국 최초로 안과 전문 의원을 열었고, 한국 최초로 쌍꺼풀 수술을 실시하였습니다. 또 우리나라에서 최초로 콘택트렌즈를 도입하고 시술했지요. 최초로 한글 시력표를 만든 것도 공병우 박사입니다.

이처럼 안과 의사로서도 훌륭했지만 많은 사람들은 공병우 박사를 안과 의사보다는 한글 타자기 발명가, 한글 사랑 운동가로 기억합니다. 평생을 한글 사랑과 한글의 기계화를 위해 헌신했고 그 공로 또한 크기 때문입니다.

공병우 박사가 한글 타자기를 발명한 것은 1949년입니다. 이전에도 한글 타자기가 있기는 했지만 당시의 세로쓰기에 맞게 가로로 찍어서 세로로 돌려세워 읽어야 하는 번거로움이 있었습니다. 이에 공병우 박사는 한글의 특성에 맞는 실용적인 타자기를 만들었습니다.

공병우 박사의 타자기는 세벌식 타자기입니다. 현재 많이 쓰이고 있는 두벌식 자판은 자음과 모음으로 이루어져 있지만, 세벌식 자판은 첫소리(초성), 가운뎃소리(중성), 끝소리(종성)를 각각 서로 다른 자리에 배치하였습니다. 세벌식 한글 배열은 한글의 창제 원리에 충실할 뿐 아니라 오타가 적고 빠른 자판 입력이 가능한 실용적인 자판입니다.

공병우 박사는 자신이 발명한 타자기와 세벌식 자판 배열에 대해 끊임없이 연구하여 사람들이 더욱 편리하게 쓸 수 있도록 개선하였습니다. 시각 장애인을 위한 기계식 한글 점자 타자기도 개발했습니다. 또한 1988년 한글문화원을 설립하여 한글 글자꼴과 남북한 통일 자판 문제 등을 연구하였습니다. 젊은 프로그래머들을 격려하여 국내 기술로 컴퓨터용 워드 프로그램을 개발하도록 돕기도 했습니다. 그렇게 해서 탄생된 프로그램이 한글과컴퓨터의 '흔글'입니다.

50여 년 동안 한글의 기계화, 과학화를 위해 헌신한 공병우 박사의 한글 사랑과 시대를 앞서간 선구적 안목은 오늘날 우리 생활을 편리하게 만들어 주었습니다. 한글 타자기의 발명으로 한글을 빠르고 편리하게 쓸 수 있게 되었고, 오늘날의 컴퓨터 사용에도 그의 연구는 큰 도움이 되었습니다. 세종 대왕이 한글을 창제했다면, 공병우 박사는 한글을 우리 시대에 맞게 재창조했다고 해도 과언이 아닙니다.

사라진 과학자

때 : 조선 시대 세종 대왕 때

곳 : 조선의 궁궐과 의금부 감옥

나오는 이 : 장영실, 아버지, 어머니, 세종 대왕, 신하1, 신하2, 군관,

포졸, 해설자

1장 [관가의 감옥]

포졸이 죄인을 데리고 가려고 감옥으로 들어온다.

포졸 : (감방 안에 아무도 없는 것을 보고 놀라 소리친다.) 나리! 나리!

죄인이…… 죄인이…….

군관 : (감옥으로 들어오며) 아니, 무슨 일인데 이리 호들갑이냐?

포졸 : (귀신이라도 본 듯이 놀란 표정으로 호들갑을 떨며) 나리, 나리!

귀신이 곡할 노릇입니다!

군관 : (깜짝 놀라며) 뭐? 귀신? 귀신이 나왔다고? 아이고, 나 살려라.

포졸 : (도망치려는 군관을 낚아채며) 아니, 아니, 그게 아니라…… 저

기 좀 보시라고요.

군관 : (두 눈을 양손으로 가린 채) 아니, 어딜 보라는 말이냐? 나보고

귀신을 보라고? 난 싫다.

포졸 : (군관의 두 손을 눈에서 떼어 내고 빈 감방을 가리킨다.) 저기

요, 저기. 저기 있던 죄인이 쥐도 새도 모르게 사라졌단 말입니다요.

군관 : (그제야 정신을 차리고) 뭐라고? 죄인이 사라졌다고? 조금 전까지만 해도 저기 갇혀 있던 죄인이 어디로 갔단 말이냐? 땅으로 꺼졌단 말이냐, 하늘로 솟았단 말이냐?

포졸 : (안절부절못하며) 그러게 말입니다요. 그러니 귀신이 곡할 노릇이지 뭡니까.

군관 : (바닥에 주저앉는다.) 아이고, 이제 우린 큰일 났구나. 전하께서 죄인을 데려오라 하시는데 이를 어쩐단 말이냐!

2장 [초가집 방 안]

아기 울음소리가 들리는 가운데 아기를 품에 안은 어머니와 아기 아버지가 아기를 바라보고 있다.

아버지 : (어머니의 품에 안긴 아기를 보면서 흐뭇한 표정을 짓는다.) 울음소리가 정말 우렁차네요.

어머니 : (우는 아기를 달래며 걱정스런 표정으로) 네. 그런데 이 아이가 자라면서 혹시라도 주위 사람들에게 놀림을 받지 않을까 걱정이 돼요.

아버지 : 그런 걱정 말아요. 내 비록 원나라에서 태어나 조선인으로 귀화하고 조선의 여인인 당신과 혼인했지만, 단 한 번도 후회한 적이 없어요. 이 아이가 비록 다문화 가정에서 태어났지만 누구보

다 훌륭하게 자랄 거예요.

어머니 : (아기를 바라보며) 아이가 웃고 있네요. 아버지는 원나라 사
　　　 람이고 어머니는 조선 사람이지만 당신 말대로 정말 자랑스러
　　　 운 아이가 될 거라 믿어요.

아버지 : 그래서 이 아이의 이름을 미리 지어 두었어요. 사람들에게 쓸
　　　 모 있는 물건을 많이 만들어 널리 세상을 이롭게 하라는 뜻으
　　　 로 '영실'이라고 말이에요. 성은 '장'이요, 이름은 '영실'.

어머니 : 성은 '장'이요. 이름은 '영실'…… 장, 영, 실…….

아버지 : (아기를 품은 어머니를 안으며) 그래요, 장영실.

어머니·아버지 : (함께 아기를 보며) 장, 영, 실…….

3장 [궁중의 공사장]

불이 꺼지고 배경의 영상 장치에 화면이 나타난다. 사람들이 열심
히 성을 쌓는 모습, 쇠를 다루며 무기나 농기구를 만드는 모습이 보이
고, 뒤이어 웅장한 음향과 함께 자격루가 나타난다. 해설자의 설명이
들린다.

해설자 : 세종 대왕은 자동으로 시각을 알려 주는 물시계를 만들고 싶
　　　 어 하였다. 물시계는 아주 오래전부터 인류가 사용해 왔는데,
　　　 세종 대왕은 기존의 시계보다 훨씬 정교하고 발전된 물시계를
　　　 만들고자 했다. 하지만 이를 실현시켜 줄 사람을 좀처럼 찾지
　　　 못했다. 그러던 중 원나라에서 귀화한 아버지와 관가에 속한 기

생이었던 어머니 사이에서 태어난 장영실의 이야기를 듣게 되었다. 장영실은 비록 다문화 가정에서 자랐지만 어려서부터 사람들을 편리하게 하는 일에 관심이 많고 쓸모 있는 물건을 잘 만들어 내어 주위의 칭찬이 자자했다. 세종 대왕의 명을 받아 자동으로 시각을 알려 주는 물시계를 만들게 된 장영실은 중국과 아라비아 물시계의 장점을 결합하여 훨씬 더 정교하고 발전된 '자격루(自擊漏)'를 완성하였다. 당시 조선은 물론이고 전 세계적으로도 자동 시계는 손으로 꼽을 만큼 드물었다. 하지만 장영실은 여기서 만족하지 않고, 4년 뒤인 1438년 또 다른 자동 물시계 옥루(玉漏)를 만들었다. 옥루는 시간을 알려 주는 자격루와 천체의 운행을 관측하는 혼천의를 결합한 기구로, 정확한 시간뿐 아니라 동지, 춘분, 하지, 추분 등의 절기까지 알려 주어 농사를 짓는 백성들에게 큰 도움이 되었다.

해설자의 설명이 다 끝나면 영상이 서서히 꺼지고 무대는 어두워진다.

4장 [경복궁 근정전]
세종 대왕이 신하들과 토론을 하고 있다.

신하1 : (왕에게 허리를 굽히며 크고 엄중한 목소리로) 전하, 감히 전하의 안위를 위태롭게 한 장영실을 엄벌에 처하셔야 하옵니다!

신하2 : (신하1을 노려보며) 아니, 언제는 장영실에게 상을 줘야 한다고 그렇게 칭찬을 하더니, 이제 와서 엄벌에 처하라고? 그게 무슨 말이오?

신하1 : 그때는 그때고 지금은 지금이지. (신하1에게 삿대질을 하며) 아니, 전하께서 타실 가마 하나도 제대로 만들지 못하는데, 그럼 그냥 두라는 말이오?

신하2 : 가마가 아직 완성된 것도 아닌데 뭘 그러시오?

신하1 : 전하께서 타실 가마가 부서졌단 말이오. 만일 그 가마를 전하께서 타고 가시다가 부서졌다면 어떻게 되었겠소? 그래도 전하의 안위를 위협한 게 아니라고 하겠소? (다시 왕에게 허리를 굽히며 큰 소리로 말한다.) 전하, 장영실을 당장 벌하시옵소서!

신하2 : (왕에게 허리 굽혀 조아린다.) 전하! 그간 장영실은 만인의 감탄을 자아낸 자동 물시계 자격루를 만들었고, 나아가 그보다

더 훌륭한 옥루까지 발명했습니다. 그뿐만 아니라 쓸모 있는 물건을 수도 없이 만들어 백성들을 보다 편히 살 수 있게 한 공이 크옵니다. 부디 장영실의 공로를 생각하시어 목숨만은 살려 주시옵소서.

세종 대왕 : (깊은 고민에 빠진 표정으로) 장영실은 내가 누구보다 아끼고 사랑하는 인물이오. 비록 그의 아비는 원나라에서 귀화한 외국인이고 어미는 천한 신분이나, 그런 환경의 어려움과 신분의 제약을 다 이겨 내고 뛰어난 발명품을 많이 만들었소. 하여 짐을 기쁘게 하고 백성을 이롭게 하였소.

신하2 : 전하, 그러니 장영실을 용서하여 주시옵소서!

세종 대왕 : (자리에서 일어선다.) 하지만 장영실은 자신에게 주어진 임무를 완수하지 못했기에 벌을 받아 마땅하다는 신하들의 의견도 틀린 것은 아니오.

신하1 : 전하, 지당하신 말씀이옵니다.

세종 대왕 : (앞으로 걸어 나오며) 벌을 주면 우리 조선 최고의 과학자를 잃게 될 것이고, 벌을 주지 않으면 죄를 지은 자를 용서하는 것이 될 테니 이를 어찌한단 말이오…….

장영실의 아버지와 어머니가 들어와 왕 앞에 두 손을 모으고 엎드린다.

아버지 : (고개를 들지 못하고) 전하, 차라리 소인을 죽여 주시옵소서!

비록 영실이 다문화 가정에서 태어나 제대로 된 교육을 **받**지 못

하고 자랐지만 어려서부터 백성의 삶에 관심이 많고 **백성**을 이

롭게 하고자 노력하며 살아 왔습니다. 그러니 영실을 **살려** 주시

고 대신 그 아비인 소인을 벌하여 주십시오!

어머니 : (고개를 들고 왕에게 두 손을 모아 빌며) 전하, 소인을 죽여

　　　　주시옵소서! 영실의 목숨만은 살려 주시옵소서!

　　군관과 포졸이 허겁지겁 뛰어 들어온다.

군관 : (왕 앞에 엎드려 두 손을 싹싹 빌며) 전하, 소인을 **죽여** 주시옵

　　　　소서!

포졸 : (군관 옆에 같이 엎드려 군관의 눈치를 보며 기어 들어가는 목

　　　　소리로) 저, 전하, 소인도 죽여 주시옵소서…….

신하1 : 아니, 오늘 따라 왜 이리 죽여 달라는 사람이 많아? 대체 무슨

　　　　일이냐?

군관 : 장영실이…… 장영실이…….

신하2 : 어서 빨리 말하지 않고 뭘 그리 우물쭈물하느냐?

군관 : 감옥에 있던 장영실이 감쪽같이 사라졌습니다.

신하1·신하2 : 뭐라고?

　　다들 어리둥절하고 있는데 왕은 등을 돌리고 먼 하늘을 바라본다.

　　이때 영상 장치를 통하여 왕의 가마를 타고 시간 여행을 하는 장영실

의 모습이 보인다. 그리고 왕과 장영실이 나누었던 대화가 들린다.

세종 대왕 : 내가 너를 부른 이유는 말이다…….

장영실 : 예, 전하. 말씀하시옵소서.

세종 대왕 : 먼 미래로 날아갈 수 있는 가마를 하나 만들 수 있겠느냐?

장영실 : 네? 미래로 날아가는 가마요?

세종 대왕 : 그래, 미래로 날아가는 시간 여행 가마 말이다. 너는 자동
　　　　　 으로 시각을 알려 주는 시계를 만들었으니 시간 여행을 할 수
　　　　　 있는 가마도 만들 수 있지 않겠느냐?

　모두가 어리둥절하고 안절부절못하고 있는데 왕이 먼 곳을 바라보
면서 큰 소리로 웃는다.

세종 대왕 : (호탕한 웃음소리와 함께) 성공했구나. 드디어 장영실 네
　　　　　 가 성공했구나. 잘 다녀오너라, 영실아!

조선의 천재 과학자 장영실

조선 세종 대왕 때의 과학자 장영실은 태어난 해와 죽은 해가 정확히 알려져 있지 않습니다. 태종 때 이미 그 재주를 인정받아 궁궐에 들어가게 된 장영실은 태종의 아들 세종의 눈에 띄었습니다. 그리고 세종이 왕의 자리에 오른 뒤 보다 중요한 임무를 맡게 됩니다.

세종 대왕은 조선 시대의 어떤 왕보다도 과학에 관심이 많았습니다. 특히 천문학에 관심이 많아 장영실과 몇몇 신하들을 중국으로 보내 여러 가지 천문 기구들에 대해 배워 오도록 하였습니다. 그리고 다시 조선으로 돌아온 장영실은 스스로 종을 울려 시각을 울리는 물시계 '자격루'를 만듭니다.

장영실은 이외에도 간의, 혼천의 같은 천체 관측기와 해시계인 앙부일영, 물시계 옥루, 세계 최초의 우량계인 측우기 등 뛰어난 기구들을 많이 만들었습니다. 세종 대왕은 장영실이 공을 세울 때마다 조금씩 벼슬을 올려 주었습니다. 하지만 그럴 때마다 신하들의 반대가 거세었습니다. 장영실은 노비 출신이었기 때문입니다.

장영실의 아버지는 원나라에서 귀화한 사람이었지만, 어머니는 관아에 속한 기생이었습니다. 기생은 천한 신분이었기 때문에 그 자식은 노비가 되었습니다. 장영실 역시 어머니의 신분을 따라 관아의 노비로 자랐습니다. 신분제 사회였던 조선에서 노비가 벼슬자리에 오른다는 것은 좀처럼 있을 수 없는 일이었습니다. 하지만 장영실은 그 공로가 누구보다 컸기에 이러한 신분의 제약에도 불구하고 종3품 벼슬에까지 오를 수 있었습니다.

그런데 이러한 장영실이 아주 작은 잘못 때문에 쫓겨나고 맙니다. 세종 24년(1442년)에 장영실은 왕이 타고 다닐 가마를 만들라는 명을 받았습니다. 그런데 그 가마는 세종이 타기도 전에 부서져 버렸습니다. 이 일로 장영실은 불경죄를 지었다며 곤장 100대를 맞고 관직에서 쫓겨나게 됩니다.

이러한 소식을 듣게 된 세종 대왕은 장영실을 감싸 주지 않았습니다. 장영실을 무척 아껴 이전에도 잘못을 용서해 준 적이 있었지만, 이번에는 그저 곤장 100대를 80대로 줄여 준 것이 전부였습니다. 곤장을 맞고 관직에서 쫓겨난 장영실은 이후로 자취를 감춰 버렸습니다. 역사책에서도 장영실의 행방에 대해서 전혀 찾을 수가 없습니다.

장영실은 어디로 간 것일까요? 무슨 이유로 그렇게 사라져 버렸을까요? 그리고 세종 대왕은 어째서 그토록 아끼던 장영실을 용서해 주지 않았을까요? 모든 것이 의문으로 남았을 뿐이랍니다.

지후의 금수저

때 : 현재
곳 : 지후네 집과 하늘
나오는 이 : 지후, 아빠(왕), 엄마(금수저), 할아버지(흙수저),
　　　　　　할머니(은수저)

1장 [지후네 집]

　지후네 가족이 식탁에 둘러앉아 있다. 식탁 한가운데에 커다란 금수저, 은수저, 흙수저가 놓여 있다.

지후 : (수저들 쪽으로 손을 뻗으며) 우와, 이게 다 뭐야?

아빠 : (지후의 손을 가로막는다.) 어허, 만지면 안 돼요.

할아버지 : 지후야, 그건 말이다, 이 할아버지의 할아버지의 할아버지
　　　　　께서 그 할아버지의 할아버지의 할아버지로부터 전해 받은 할
　　　　　아버지의 할아버지…….

할머니 : (할아버지의 입을 막으며) 아, 이제 그만 하세요!

할아버지 : 퉤, 퉤! 아니, 왜 말을 막아요?

엄마 : (웃으며) 아버님도 참……. 어머님 말씀이 맞아요. 그 말씀 다 하
　　　시다간 저녁도 못 먹겠어요.

아빠 : 아버지, 제가 지후한테 잘 설명할게요.

지후 : 할아버지의 할아버지의 할아버지께서 그 할아버지의 할아버지

　　　의 할아버지로부터 전해 받은 얘기인 거죠?

　　온 가족이 큰 소리로 웃는다. 무대가 어두워지고 할아버지, 할머니,
엄마가 흙수저, 은수저, 금수저 탈을 머리에 쓰고 무대 가운데로 나
온다. 아빠는 수염과 왕관과 긴 망토로 왕의 분장을 하고 커다란 의
자에 앉는다. 무대 배경이 지후네 집에서 나비와 새가 날아다니는 아
름다운 꽃밭으로 바뀐다.

2장 [하늘]

　　다시 무대가 밝아지고 지후가 바뀐 주위를 보고 놀라 무대 가운데
로 나온다.

지후 : (주위를 둘러보며) 우와, 이게 뭐야? 어떻게 된 거야? 여긴 어디

　　　지? 그리고 이건 식탁에 있던 수저들인데……. (왕을 발견하고

　　　그쪽으로 다가간다.) 저, 실례지만, 여기가 어디인가요?

왕 : (수염을 쓰다듬으며) 네가 바로 지후로구나.

지후 : 어? 제 이름을 어떻게 아세요? 그리고 여긴 어디예요?

왕 : 여긴 바로 하늘이란다.

지후 : 하늘이라고요? 정말요?

왕 : 그렇다니까!

지후 : 하늘에는 구름과 해와 달과 별이 있잖아요. 여긴 그런 게 하나
　　　도 없는데…….

왕 : 에헴, 그래도 여긴 하늘이다. 내 말을 못 믿는 거냐?

지후 : 못 믿는 게 아니라, 제가 갑자기 하늘에 있다니까……. 그런데
　　　누구세요?

왕 : 나로 말할 것 같으면 말이다, 지후 바로 너의 할아버지의 할아버
　　　지의 할아버지에서 또 그 할아버지의 할아버지의 할아버지
　　　인…….

은수저 : (왕의 곁으로 다가와 입을 막는다.) 그, 그만…… 제발 그만하
　　　세요.

왕 : (은수저의 손을 뿌리치며) 퉤, 퉤! 아니, 감히 왕의 입을 막다니!

지후 : 그래서 누구시냐고요?

왕 : 나는 왕 중의 왕이란다.

지후 : 왕 중의 왕이요?

왕 : 그렇다니까.

지후 : 그럼, 여기가 정말 하늘이 맞나 보네요.

왕 : 당연하지! 여기 있는 모든 건 다 내가 만든 거란다.

지후 : 그런데 제가 왜 하늘로 온 거죠? 조금 전까지만 해도 가족들이
　　　랑 같이 집에 있었거든요.

왕 : 그건 말이다, 너에게 선물을 주려고 내가 불렀기 때문이지.

지후 : 선물이요? 오늘은 제 생일도 아닌데요? 크리스마스도 아니
　　　고…….

왕 : 누구에게나 주는 선물이란다.

지후 : 그런 선물도 있어요?

왕 : 그래, 사람이 한 번 태어나면 누구나 받는 선물이지.

지후 : 그게 뭔데요?

왕 : 그건 지후 네가 선택해야 한다. 저기 있는 것들 중에서 말이야.

　　이때 수저들이 왕과 지후 앞으로 나온다. 금수저와 은수저가 서로 자기를 선택하라며 다툰다.

은수저 : (지후를 얼싸안으며) 내가 바로 제일 좋은 선물이야. 나를 선
　　택하면 돼.

금수저 : (은수저를 지후 품에서 떼어 낸다.) 무슨 소리! 최고의 선물
　　은 바로 나라고!

흙수저는 옆에 서서 이런 모습을 그저 바라만 보고 있다.

왕 : 자, 그러지들 말고 각자 자기소개를 해 보아라. 그런 다음 지후가
　　스스로 선택하면 되는 것이다.

은수저 : 그게 좋겠어요. 그래야 공평하죠.

금수저 : (팔짱을 끼며) 그런 걸 하나 마나 내가 최고죠.

흙수저 : 자기소개라…….

지후 : 좋아요. 할아버지, 아니, 왕 중의 왕님 말씀대로 각자 자기를 소개해 보세요. 그러면 제가 선물을 선택할게요.

왕 : 다들 들었지? 지후의 마음에 쏙 들도록 자기 자랑을 해 보아라.

지후 : 전 여기서 지켜볼게요. (왕의 무릎에 올라앉는다.)

왕 : 아이쿠, 왜 이리 무거운 게냐⋯⋯.

금수저, 은수저, 흙수저가 왕과 지후 앞으로 나온다. 은수저가 앞에 있던 흙수저를 뒤로 끌어당기고 제일 앞으로 나선다.

은수저 : 나로 말할 것 같으면, 세상의 가장 아름다운 빛을 담고 있지.

금수저 : 왜 네가 세상에서 가장 아름다운 빛이라는 거야?

은수저 : 왜냐고? (주머니에서 은빛 색종이 조각을 꺼내 주위에 뿌린다.) 생각해 봐. 온 세상이 눈으로 뒤덮이면 사람들은 은빛 세상이라고 하잖아. 게다가 아주 오래전부터 사람들은 은으로 돈을 만들어 사용해 왔다고.

흙수저 : 그건 그래. 나도 눈이 내리면 세상이 온통 은빛으로 변해서 정말 아름답다고 생각하거든. 은이 많으면 부자인 거니까 그것도 좋고.

금수저 : (흙수저를 흘겨본다.) 야, 눈이 오면 뭐가 좋아? 녹으면 질척거리기나 하지. 그리고 은보다 금이 더 비싸거든?

흙수저 : (머리를 긁적이며) 눈 오는 날 강아지들이 좋아서 뛰어다니는 걸 보면 나도 기분이 좋아지는걸.

금수저 : 이 바보야, 네가 강아지야?

은수저 : 흙수저 말이 백 번 천 번 옳지. 사람이나 동물이나 은빛을 좋
　　　　아하기는 마찬가지야. 그래서 내가 최고의 선물인 거야.

흙수저 : 크리스마스에 눈이 내리면 제일 행복해.

금수저 : (흙수저에게) 조용히 안 해!

은수저 : (지후에게 다가가며) 지후야, 어때? 세상에서 가장 아름다운
　　　　은빛으로 빛나는 내가 너의 선물로 딱이지?

지후 : 나도 눈 내린 풍경을 좋아해. 게다가 옛날 사람들이 은으로 돈
　　　을 만들어 사용했다니, 정말 은수저는 대단하구나.

은수저 : 그래, 그러니까 날 선택해!

왕 : 어허! 아직 다른 친구들 이야기가 남아 있지 않으냐. 나머지 이야
　　기도 다 들어 보자꾸나, 지후야.

이때, 웅장한 행진곡이 올리며 금수저가 머리에 번쩍번쩍 빛나는
금관을 쓰고 앞으로 나온다. 그 모습을 보고 흙수저가 두 손을 모으
며 엎드리자 은수저가 흙수저를 발로 차 일으켜 세운다.

금수저 : 자, 다들 나를 보시라.

은수저 : 지금 뭐 하는 거야? 왕 중의 왕이 계신 앞에서 왕의 흉내를
　　　　내는 거야?

금수저 : (자신이 쓰고 있던 금관을 왕의 머리에 씌워 준다.) 자, 보라
　　　　고. 왕관이 무엇으로 만들어졌는지를!

흙수저 : 우와, 정말 멋지다! 금으로 만든 왕관이야. 저렇게 화려하고
　　　　아름다운 왕관은 처음 봐.

금수저 : (흙수저에게 다가간다.) 그렇지? 너, 혹시 은으로 만든 왕관
　　　　본 적 있어?

흙수저 : 아, 아니, 본 적 없어. 왕관은 다 금으로 만들겠지.

금수저 : 그래, 맞아. 왜 왕관을 은이 아니라 금으로 만드는지 알아?

흙수저 : 그건 잘 모르겠는데…….

금수저 : 이 바보야, 그건 제일 신분이 높고 귀한 왕에게 금이 가장 잘
　　　　어울리기 때문이야.

은수저 : (팔짱을 끼고 금수저를 외면하며 돌아선다.) 흥! 잘난 척
　　　　은…….

금수저 : (은수저를 흘끔 쳐다보며) 은이 세상의 제일이라면 왕관을 은
　　　　으로 만들겠지. 하지만 그게 아니라 금이 최고이기 때문에 금으

로 왕관을 만드는 거라고.

흙수저 : 아하, 그렇구나! 금이 최고구나.

금수저 : 얼마나 최고냐 하면, 오랜 옛날부터 금을 차지하기 위해서 전쟁이 일어날 정도였어. 금으로 만든 왕관을 차지하려고 사람들을 죽이기까지 했는걸.

흙수저 : (깜짝 놀란 표정으로) 사람들을 죽였다고?

은수저 : (은수저가 몸을 돌려 흙수저에게 다가가며) 그래, 사람들이 죽었어. 금을 차지하려고 전쟁을 하고 도둑질을 하고 그랬다니까. 다 금 때문이야.

금수저 : 그만큼 금이 소중하다는 거야. (지후에게 다가간다.) 그러니까 지후야, 금이 세상에서 제일이야. 네가 나를 선택한다면 최고의 선물을 갖게 되는 거지. 어때?

지후 : 그러게, 듣고 보니 오래전부터 사람들이 금을 무척이나 좋아했구나. 금을 차지하기 위해서 전쟁까지 했다니 말이야.

금수저 : 자, 이제 결정해, 지후야.

지후 : 아직 흙수저의 얘기는 못 들었잖아.

왕 : 그래, 흙수저의 얘기도 들어 보려무나.

은수저 : (흙수저를 가리키며) 쟤 얘기는 들어 보나 마나예요. 들을 가치도 없어요.

금수저 : 맞아요. 보기만 해도 볼품없이 생겼는데 할 얘기가 뭐가 있겠어요.

지후 : 그래도 들어 볼래.

금수저·은수저 : 뭐, 그러든지…….

금수저와 은수저가 지후와 왕의 양옆으로 가서 털썩 주저앉고는 지루하다는 표정으로 턱을 괸다. 흙수저는 부끄럽고 자신 없는 듯 고개를 숙인 채 서 있다.

지후 : 어서 해 봐.

흙수저 : (머뭇거리며) 난 말이야…… 난 그냥 흙일 뿐이야. 금처럼 왕관을 만들지도 못하고, 은처럼 돈으로 사용할 수도 없어.

금수저 : 잘 알고 있군.

은수저 : 쯧쯧, 사람들이 널 밟고 다니긴 하지.

흙수저 : 사람들도 밟고 다니고, 동물들도 밟고 다녀.

금수저 : 아파서 어떡하니……. 불쌍하긴 하다.

은수저 : 어휴, 흙으로 태어나지 않은 게 정말 다행이다.

금수저 : (흙수저를 가리키며) 도대체 넌 도움이 되는 게 뭐니?

흙수저 : 글쎄…… 내 품에서 나무와 풀이 자라긴 해. 농부가 씨앗을 뿌리면 자라서 꽃을 피우기도 하고 열매를 맺기도 해.

은수저 : 꽃이나 열매를 네가 만드는 건 아니잖아.

흙수저 : 그건 그렇지만……. 난 너희들처럼 귀하지도 않고 최고도 아니야. 사람도 동물도 마음대로 밟고 다니고, 나무와 풀이 자리를 잡고 꽃을 피우거나 열매를 맺기도 해. 그런데, 난 그냥 그게 좋아. 내 품에서 자란 씨앗이 아름다운 꽃을 피우고 맛있는 열

매를 만들어 내는 것만으로도 난 기뻐. 꽃을 보거나 열매를 먹으면서 사람들이 행복해하면 나도 행복해져.

은수저 : 별 게 다 행복하네. 사람들은 널 좋아하는 게 아니라 꽃이나 열매를 좋아하는 거라고, 이 바보야.

금수저 : 자, 이제 흙수저의 얘기도 들었으니, 지후 네 차례야.

은수저 : 그래, 지후야. 이제 네가 선물을 선택할 차례야.

왕의 무릎에 앉아 있던 지후가 내려와 금수저, 은수저, 흙수저가 있는 곳 한가운데로 나온다.

지후 : (모두에게) 내가 문제 하나 낼게요.

은수저 : 문제? 뭐든지 내 봐. 내가 다 맞힐 테니까.

금수저 : 문제는 무슨 문제. 지후야, 그냥 '내 선물은 금수저야!' 하고 외치면 돼.

은수저 : 무슨 소리야? 내가 바로 지후의 선물이라고.

왕 : 그만들 해라! 지후의 말을 끝까지 들어 봐야 할 것 아니냐.

흙수저 : 그래, 나도 궁금해.

금수저 : (흙수저를 밀친다.) 넌 상관없어. 빠져!

지후 : (넘어지려는 흙수저를 잡아 주며) 그러지 말고 다들 내 얘기를 들어 봐. 내 문제에 답이 있으니까.

흙수저 : 문제에 답이 있다고?

지후 : 그래, 내 문제의 답이 바로 나의 선물이야.

왕 : (수염을 어루만지며) 그래, 정말로 궁금하구나. 그 문제가 무엇인
　　　지…….

지후 : 문제는 오늘 임금님께서 드신 아침밥과 관련이 있어요.

왕 : 내 아침밥?

지후 : 네.

왕 : 흠…… 오늘은 나물이 아주 맛이 있었지. 그래서 요리사를 칭찬
　　　해 주려고 불렀었단다.

지후 : 그랬군요. 왜 요리사를 칭찬하려고 하셨어요?

은수저 : 그야, 요리사가 맛있는 나물 반찬을 만들었기 때문이겠지.

금수저 : (은수저를 무시하는 듯한 말투로) 넌 거기까지가 한계야. 요
　　　리사가 맛있는 나물 반찬을 만들려면 신선한 채소가 있어야 하
　　　잖아. 그러니까 요리사보다는 채소 장수를 칭찬해 줘야지.

은수저 : 네 말대로라면, 채소 장수가 아니라 그 채소를 심고 기른 농
　　　부를 칭찬해야 하는 거 아니야? 채소 장수도 채소가 있어야 팔
　　　수 있는 거니까 말이야.

흙수저 : 생각해 보니 그렇네. 은수저 말대로 농부가 칭찬을 받아야
　　　겠네.

금수저 : (흙수저를 밀치며) 넌 빠지라고 했지! (은수저에게 대들 듯이)
　　　뭐? 농부? 왜 농부가 칭찬을 받아? 농부가 채소를 기르려면 땅
　　　에 씨를 뿌리고 가꿔야 하는데. 흙이 없으면 아무것도 키울 수
　　　없잖아!

지후 : 그래, 바로 그거야! 땅! 바로 흙이 있어서 농부는 신선한 채소를

기를 수 있고, 또 이 채소를 채소 장수가 팔고, 요리사는 그걸 사서 맛있는 음식을 만드는 거야. 그래서 임금님도 매일 아침 맛있는 밥을 드실 수 있는 거고 말이야.

왕 : (무릎을 탁 치며 자리에서 일어선다.) 옳거니, 무슨 말인지 알겠 구나!

금수저와 은수저가 서로 얼굴을 바라보면서 황당해한다. 흙수저 는 그냥 멍한 표정으로 서 있고 왕의 웃음소리가 들리면서 어두워 진다.

3장 [지후네 집]

1장에서와 같은 모습으로 지후네 가족들이 식탁에 둘러앉아 있다.

아빠 : (지후의 머리를 쓰다듬는다.) 이제 알겠지, 지후야? 할아버지의 할아버지의 할아버지, 또 그 할아버지의 할아버지의 할아버지 로부터…….

엄마 : (아빠에게) 여보, 그만…….

할아버지 : 그래, 오래전부터 전해 내려오는 이야기란다.

할머니 : 지후야, 이제 네가 선택해야 해.

아빠 : 그래, 네 선택이 지후 너의 미래를 만들어 갈 거야.

지후 : 전 이미 결정했어요. 바로 흙수저예요.

할머니 : 아니, 왜, 은수저가 마음에 안 들었어?

엄마 : 금수저가 더 비싸고 좋은데…….

할아버지 : 어허, 다들 조용!

지후 : 물론 금이 제일 값비싸긴 하지만, 저에게는 흙수저가 그 무엇보
다 더 귀하고 소중해요.

할아버지 : 지후의 진정한 금수저는 바로 흙수저라는 얘기로구나.

지후 : 네. 맞아요, 할아버지.

엄마 : 지후의 금수저는 흙수저?

아빠 : 그래, 우리 지후가 진짜 중요한 것이 무엇인지 찾았구나.

할머니 : (지후를 얼싸안으며) 장하다, 우리 지후! 장해!

온 가족이 식탁 한가운데 놓인 흙수저를 같이 잡고 웃으며 소리
친다.

엄마 : 지후의 흙수저, 아니 지후의 금수저!

다 같이 : 지후의 금수저!

웃음소리와 함께 막이 내린다.

행복한 흙수저

지금으로부터 200여 년 전 서양에서 음식을 먹을 때 쓰던 수저는 거의 다 나무로 만든 것이었습니다. 재산이 많은 일부 귀족들만 은으로 만든 수저를 사용했지요. 그래서 가난한 평민들은 부잣집에서 태어난 아이들을 보고 '은수저를 입에 물고 태어났다.'라고 말했습니다.

우리나라에서는 부잣집에서 태어나 부모에게 많은 돈을 물려받은 자식들을 일컬어 '금수저'라고 합니다. 반면 아무것도 물려받을 것이 없이 가난한 형편에서 태어난 경우는 '흙수저'라고 합니다. 이런 말은 바로 서양의 '은수저'에서 유래한 것입니다.

요즘은 집안의 형편에 따라 금수저, 은수저, 흙수저로 자신이나 타인을 지칭하는 경우를 흔히 봅니다. 수저에 빗대어 사람들의 계급을 나누는 것입니다. 그러면서 금수저로 태어난 것을 부러워하기도 하고, 또 그런 사람들은 무조건 행복할 거라고 생각합니다. 하지만 정말로 그럴까요?

금수저로 태어나는 사람들은 극히 일부입니다. 그리고 그 사람들이 죽을 때까지 금수저로 살 거라는 보장은 없답니다. 오히려 그렇지 못한 경우가 많습니다. 왜냐하면 이런 사람들은 자신이 가진 것에만 의존하며 살아가기 때문입니다. 스스로 노력해서 무언가를 성취하기보다는 이미 있는 것을 누리는 데에 익숙하기 때문에 가지고 있는 것을 탕진하기가 쉬운 것입니다.

반면 물려받은 것도 없고 좋지 않은 환경 속에서 태어나 자랐지만, 자신의 처지를 비관하지 않고 열심히 현실을 개척하면서 살아가는 많은 사람들이 있습니다. 이런 사람들은 비록 흙수저로 태어났어도 이 사회에서 자신의 역할을 다하며 많은 것을 이루어 냅니다. 그리고 스스로 성취한 것들로 인해 보람과 행복을 느끼게 됩니다.

처음부터 무엇을 갖고 태어났는지는 크게 중요하지 않습니다. 금수저라고 다 행복한 것도 아니고 흙수저라고 다 불행한 것도 아닙니다. 자신이 좋아하는 일을 하면서 원하는 삶을 사는 것이 중요합니다. 태어난 환경에 집착하기보다는 내가 무엇을 하면서 어떻게 살아갈지를 고민해 보세요.

아무 가치도 없어 보이던 흙이 귀한 생명을 품고 자라게 해 아름다운 꽃과 맛있는 열매를 주듯이, 세상에는 '나'를 필요로 하는 곳이 반드시 있답니다. 그런 곳에서 세상에 필요한 나의 일을 한다면 진정한 행복을 얻을 수 있을 것입니다.

아난타의 복수

때 : 어느 여름

곳 : 아난타와 대포의 집, 학교, 병원 등

나오는 이 : 아난타, 대포, 선생님, 대포의 할머니, 아난타의 엄마,
아난타의 아빠, 목소리1, 목소리2, 목소리3,
할아버지 목소리

1장 [초등학교 운동장]

외국인 이주 노동자가 많이 거주하는 작은 도시의 초등학교 운동장. 아이들이 둥그렇게 모여 있는 가운데에 아난타와 대포가 서로 주먹을 쥐고 성난 표정으로 맞서 있다.

아난타 : 오늘은 절대로 가만두지 않을 거야!

대포 : 나도 오늘은 참지 않는다. 어디 덤빌 테면 덤벼 봐!

아난타 : 복수하고 말 거야!

대포 : 복수는 내가 해야지, 왜 네 녀석이 한다는 거야?

아이들 : 싸워라! 싸워라!

이때 수업 시작종이 울리자 아이들이 모두 교실로 들어간다. 아난타와 대포는 여전히 주먹을 쥐고 서로를 노려보고 서 있다.

2장 [초등학교 교실]

아난타와 대포가 선생님 앞에 서 있다. 둘은 여전히 화가 안 풀린 표정이고 선생님은 둘을 바라보고 있다.

선생님 : 누가 먼저 시비를 걸었지?

아난타 : 대포 녀석이 먼저 그랬어요.

대포 : 아니에요. 아난타가 먼저 싸움을 걸었다고요.

아난타 : (대포에게 주먹을 쥐며) 네가 먼저 나한테 주먹을 들었잖아.

대포 : 네가 날 넘어뜨렸잖아!

선생님 : 자, 자, 그만, 그만! 누가 먼저랄 것도 없네요. 선생님은 두 친
        구 모두 잘못한 게 없다고 생각해요.

아난타·대포 : (의아한 표정으로) 네? 잘못이 없다고요?

선생님 : 그래요. 두 사람 다 잘못이 없어요. 잘못이 있다면 서로 상대
        가 잘못했다고 다투는 것이지.

아난타 : 그래도 대포 녀석이 먼저……

대포 : 아니, 아난타가 절……

선생님 : 그만하라니까! 이제 집에 돌아가서 잘 생각해 봐요. 친구의
        잘못을 생각하지 말고 친구의 좋은 점을 생각해 보는 거예요.

3장 [아난타와 대포의 집]

무대 한쪽은 아난타의 집, 다른 한쪽은 대포의 집이다. 아난타의 가족들은 저녁 식사를 하고 있고, 대포는 할머니가 빨래 개는 것을

도와주고 있다.

아난타 : (입에 음식을 한가득 문 채로) 글쎄, 대포 녀석이 제 걸 다 밟
　　　아 버렸다고요.

아빠 : 대포가? 에이, 실수로 그랬겠지.

아난타 : 실수 아니에요. 일부러 그런 거예요! 저를 노려보고 있었다
　　　고요.

아빠 : 그냥 네가 그렇게 생각한 거 아니야? 확실히 봤어?

아난타 : 제가 이 두 눈으로 똑똑히 봤다고요!

아빠 : 그래서 너도 대포를 화나게 한 거야?

대포 : 할머니, 할머니…….

할머니 : 그래. 대포야, 무슨 할 말이라도 있어?

대포 : 우리 반 아난타 말이에요. 걔가 오늘 글쎄…….

할머니 : 아, 그 외국에서 왔다는 아이 말이냐? 얼굴이 까무잡잡하니
　　　귀엽고 똘똘하게 생겼던데.

대포 : 귀엽긴 뭐가 귀여워요? 똘똘하지도 않아요. 멍청하다고요!

할머니 : 왜 또?

대포 : 그 녀석 때문에 제가 애지중지 아끼던 게 다 망가져 버렸다고
　　　요.

할머니 : 그 아이가 일부러 그랬겠니. 아마도 실수로 그랬을 게다.

대포 : 아니에요. 분명 일부러 그랬어요. 저한테 복수하려고요.

할머니 : 복수라니, 무슨 그런 말을 다 하니.

아난타 : 대포 녀석이 먼저 시비를 걸지만 않았어도 저는 꾹 참았을 거
예요. 그런데 먼저 잘못을 해 놓고는 미안하다는 말도 없이 저
한테 달려들어서는 제 가슴을 때렸다고요.

엄마 : 대포가 너를 때렸다고? 설마 대포가 그럴 리가…….

아난타 : 정말이라니까요. 대포가 저를 때리는 걸 다른 아이들도 봤다
고요.

엄마 : 그래서 넌 어떻게 했는데?

아난타 : 어떻게 하긴요. 인도 요가를 이용해서 몸을 날려 피한 다음
에 대포 녀석의 다리를 걸어서 넘어뜨렸죠.

엄마 : 다리를 걸어서 넘어뜨렸다고?

아난타 : 대포가 넘어지니까 아이들이 모두 깔깔대고 웃었어요.

엄마 : 그럼 넌, 대포한테 맞은 게 아니라 네가 대포를 넘어뜨린 거네.

아난타 : 대포가 날 때리려고 하니까 제가 피한 거죠, 뭐.

엄마 : 그래서 네 기분이 좋았니?

아난타 : 아이들이 깔깔대고 웃을 땐 저도 같이 웃었는데…….

엄마 : 그랬는데?

아난타 : 녀석이 아파서 우는 걸 보니까…….

엄마 : 우는 걸 보니까 어땠는데?

아난타 : 그게…….

대포 : 할머니, 제 무릎 좀 보세요. (바지를 걷어 올리며 무릎의 상처를 보여 준다.) 여기요, 여기.

할머니 : (놀라는 표정으로) 아니, 무릎이 왜 그러니? 넘어지기라도 했어?

대포 : (일어서서 아난타 흉내를 내며) 아난타 녀석이 글쎄, 이렇게 해서 저를 바닥에 넘어뜨렸다니까요. 넘어지면서 돌에 부딪혀서 피까지 났단 말이에요.

할머니 : 걔가 왜 널 넘어뜨려. 그럴 애가 아닌 것 같던데…….

대포 : (화를 내며) 할머닌 누구 말을 믿는 거예요? 그럼 제가 거짓말이라도 한단 말이에요? 아난타가 정말 제 다리를 걸어서 넘어뜨렸다고요.

할머니 : 네가 아무 짓도 안 했는데 그 아이가 그랬단 말이야?

대포 : 그럼요! 전 아무 짓도 안 했는데 그랬다고요.

아난타 : 지난번에 우리 집에 놀러 온 다음부터 대포가 달라졌어요.

아빠 : 그건 또 무슨 소리니?

아난타 : 인도 전통 의상을 입고 찍은 우리 가족사진을 본 다음부터 이상해졌다고요.

아빠 : 왜 그런 생각을 했어?

아난타 : 그때부터 인도에 대해서 꼬치꼬치 캐물었거든요.

아빠 : 뭘 그렇게 캐물었는데?

아난타 : 제 이름이 왜 아난타인지, 누가 지어 준 이름인지 물어보더라

고요.

아빠 : 그래? 그래서 뭐라고 대답했는데?

아난타 : 아빠가 알려 주신 그대로 얘기해 줬죠.

아빠 : 내가 알려 준 대로?

4장 [초등학교 교실]

반 아이들이 모두 자리에 앉아 있고, 아이들 앞에 아난타가 서 있다. 옆에는 선생님이 서 있다.

선생님 : 이번 수업에서는 다른 나라에 대해서 알아볼 거예요. 마침 아
　　　　난타가 인도에서 왔으니까, 아난타에게 궁금한 점이 있으면 물
　　　　어보세요.

대포 : 선생님, 저요!

선생님 : 그래 대포야, 질문해 보렴.

대포 : 아난타라는 이름은 처음 들어 보는 이름이에요. 좀 웃기기도 하
　　　　고요.

아이들 : 하하하, 이름이 웃기대.

대포 : 웃기죠? 하긴, 제 이름도 웃기는 이름이에요. 대포가 뭐예요, 대
　　　　포가. 하지만 괜찮아요. 제 이름에는 꿈을 크게 꾸라는 멋진 뜻
　　　　이 들어 있으니까요. '펑' 쏘는 대포 아니고요. 히히.

선생님 : 왜 이름을 아난타라고 했는지 그 이유가 궁금한 거구나. (아난
　　　　타에게) 그래, 아난타라는 이름은 어떻게 해서 지어진 거지?

아난타 : (잠시 머뭇거린다.) 그게 말이에요……

5장 [인도 신화 속 세상]

　무대가 인도의 고대 신화 속 장면으로 바뀐다. 태초의 우주의 신비스러움을 나타내는 음악이 나오고 조명도 은은하게 켜진다. 인도 신화에 나오는 신 '비슈누'로 분장한 대포, 인도 신화에 등장하는 환상의 동물 '아난타'로 분장한 아난타가 서 있다.

비슈누(대포) : 난 인도의 위대한 신 비슈누다. 아무도 날 막지 못한다.
　　　　　　　혼란스러운 우주의 멸망을 지켜볼 것이다. 누가 이 혼란스러운
　　　　　　　우주를 구할 것인가?

　이때 아난타가 '아난타' 분장을 하고 날개를 펄럭이며 비슈누의 앞으로 다가온다. 그리고는 비슈누에게 등에 올라타라고 날갯짓을 한다.

비슈누(대포) : 네가 이 우주를 지킬 거란 말이냐?
아난타 : (날갯짓을 하면서 고개를 끄덕인다.)
비슈누(대포) : 그렇구나. 네가 바로 이 혼란스러운 우주를 멸망으로부
　　　　　　　터 구해 낼 그 환상의 동물 아난타로구나.
아난타 : (날갯짓을 하면서 비슈누를 등에 태운다.)
비슈누(대포) : (아난타의 등에 올라타는 시늉을 하며) 자, 이제 하늘

을 날아 우주의 멸망을 막으러 가자!

비슈누와 아난타가 무대 뒤로 사라진다.

6장 [대포의 집 마당]

마당에 있는 평상에 앉아 대포의 할머니와 아난타의 엄마가 이야기를 나눈다.

엄마 : 대포 할머니, 죄송해요.

할머니 : 아이고, 죄송하긴 뭘 죄송해요. 대포가 그만……. 다 이 늙은 할미가 잘못 가르친 탓이죠…….

엄마 : 아니에요, 대포는 잘못이 없어요. 아난타가 조금만 참았더라면 그런 일은 없었을 거예요.

할머니 : 아니, 아니에요. 다 이 늙은이 잘못이랍니다. 엄마, 아빠가 없어도 바르게 키우려고 애썼건만……. (가슴을 쥐며 기침을 한다.) 콜록, 콜록!

엄마 : (대포 할머니를 부축한다.) 어디 많이 불편하신가 봐요. 걱정하지 말고 좀 들어가 쉬세요.

할머니 : (평상에서 일어나면서) 대포가 학교에서 돌아오면 내가 잘 타일러 볼게요. (일어서서 몇 발자국 걸어가다가 바닥에 쓰러진다.)

엄마 : (깜짝 놀라 대포 할머니에게 다가간다.) 대포 할머니, 대포 할머

니! 정신 차리세요! 이를 어쩌나…….

구급차의 요란한 사이렌 소리가 들리고 무대의 불이 꺼진다.

7장 [대포 할머니의 병실]
대포의 할머니가 산소마스크를 쓴 채 병실 침대에 누워 있다.

대포 : (병실로 들어와 할머니에게 달려간다.) 할머니, 할머니! 정신 차
　　　려요, 할머니! 저예요, 대포. 눈 좀 떠 보세요.

엄마 : (대포에게 다가가 어깨를 감싸며) 대포야, 걱정하지 마. 할머니
　　　는 곧 깨어나실 거야.

대포 : (할머니 품에 안겨 울다가 아난타의 엄마를 보며) 저리 가세요!
　　　다 싫어요! 아난타도 싫어요! 할머니랑 단둘이 산다고 무시하지
　　　마세요.

엄마 : (손을 내밀며) 대포야 그게 아니라…… 난 그냥…….

대포 : (아난타 엄마의 손길을 뿌리친다.) 다 필요 없어요. 아빠도 날
　　　버리고 떠났고, 엄마도 날 버렸어요. 이제 나한테는 할머니뿐이
　　　에요. 할머니뿐이라고요! (다시 할머니 품에 안겨 운다.)

엄마 : 대포야…….

8장 [아난타의 집 거실]

아난타의 가족이 모여 앉아 이야기를 나누고 있다.

엄마 : 정말 걱정이에요.

아빠 : 그러게 말이에요.

아난타 : (고개를 숙이고 아무 말이 없다.)

아빠 : 대포는 좀 어때요?

엄마 : 할머니 품에 안겨서 그냥 울기만 하는데……. (눈물을 훔치며)
　　　 너무 안쓰러워서 못 보겠더라고요.

아빠 : 당장 대포가 걱정이네요. 할머니가 병원에 계시니 대포 혼자서
　　　 어떻게 지내나…….

아난타 : (자리에서 일어난다.) 잠깐 나갔다 올게요.

엄마 : 이렇게 늦은 밤에 어딜 간다는 거야?

아빠 : 밤길 조심해라.

엄마 : 여보, 나가지 못하게 말려야죠.

아난타 : 저도 이제 다 컸어요. 걱정하지 마세요. 금방 돌아올게요.

9장 [대포의 집 마당]

어두운 마당 한가운데 대포가 서 있다. 대포의 집 담장 너머에서
아난타가 그런 대포의 모습을 바라보고 있다.

대포 : (하늘을 바라보며) 엄마, 아빠, 도대체 어디에 계신 거예요? 왜

절 두고 가신 거예요. 어디에 있는지 알면 찾아가기라도 할 텐데……. (눈물을 흘린다.)

아난타 : (대포의 모습을 훔쳐보며 혼잣말로) 바보 같은 자식……. (눈물을 훔친다.)

대포 : (눈물을 닦고 다시 하늘을 바라보며) 다른 애들은 다 엄마 아빠랑 같이 사는데 왜 저만 혼자인 거예요. 할머니마저 돌아가시면 난 어떡하라고요. 무서워요……. 너무 무서워요. 할머니 돌아가시면 난 아무도 없어요. 우리 할머니 살려 주세요. 제발요. 흑흑흑…….

아난타 : (혼잣말로) 바보 같은 자식! 울기는 왜 울어? 뭐가 무섭다고. 내 앞에선 그렇게 잘난 체하더니. 걱정하지 마, 이 자식아.

대포 : (마당에 주저앉아 흐느낀다.) 할머니…… 할머니…….

아난타 : (담장 너머에서 계속 대포를 바라보다 옆에서 스쳐 지나가는

길고양이를 보고 깜짝 놀란다.) 으아악!

대포 : (비명 소리에 놀라 담장 쪽을 바라본다.) 누, 누구야?

아난타 : (자신의 입을 틀어막는다.) 으읍!

대포 : 누구야? 누구냐고? (마당에서 작은 돌멩이를 하나 주워 든다.)

아난타 : (대포가 알아차린 걸 알고 급하게 도망친다.)

대포 : 에잇! (돌멩이를 담장 밖으로 던진다.)

아난타 : (도망치다가 대포가 던진 돌멩이에 머리를 맞는다.) 아야! 아
야야…….

대포 : (대문 쪽으로 달려 나가며) 도, 도둑이야! 도둑이야!

10장 [아난타의 집]

아난타가 늦게까지 집에 돌아오지 않자 엄마와 아빠가 불안해하며
기다리고 있다.

엄마 : 아난타가 왜 아직도 안 돌아올까요?

아빠 : 그러게요. 금방 온다고 한 아이가 아직도 안 오는 이유를 모르
겠네요.

엄마 : 너무 걱정돼요. 어떻게 하죠?

아빠 : 별일 없을 거예요. 조금만 더 기다려 봅시다.

엄마 : 아, 혹시? (뭔가 생각난 듯 아난타의 방으로 간다. 그리고 방에
서 종이를 들고 나온다.) 여보, 이것 좀 보세요. (도화지에 커다
란 글씨로 '진정한 복수'라고 쓰여 있다.)

아빠 : 진정한 복수? 이게 무슨 말이에요?

엄마 : (뜻을 알아차린 듯한 표정으로) 뭔지 알 것 같아요. 지금 바로 대포 할머니가 계신 병원으로 가요. (아빠의 손을 끌어당기며) 어서요, 어서.

11장 [대포 할머니의 병실]

대포 할머니는 조금 나아진 듯 산소마스크 없이 누워 있고, 그 곁에 선생님이 서 있다.

할머니 : (선생님의 손을 잡으며) 이렇게 신경 써 주셔서 감사합니다, 선생님.

선생님 : (할머니의 손을 어루만지며) 감사는요 뭘. 이렇게 기운을 차려 주시니 제가 더 감사하네요. 할머니가 기운을 차리셔야 대포도 힘을 내죠.

할머니 : 아니에요, 선생님이 우리 대포를 잘 가르쳐 주셔서 너무나 고마워요.

이때 대포가 고개를 푹 숙인 채 기운 없는 모습으로 병실에 들어선다.

할머니 : (대포를 보고 반가워하며) 아이고, 대포야!

대포 : (할머니 목소리에 깜짝 놀라 할머니를 본다.) 할머니! (할머니에

게 달려와 안긴다.) 할머니, 할머니……. 난 꼭 할머니가 죽는 줄

만 알았어요.

할머니 : (품에 안긴 대포의 등을 두드리며) 이 할미가 죽긴 왜 죽어,

이눔아! 할미 안 죽는다. 오래오래 살아서 우리 대포 장가가는

거 보고 죽어야지.

선생님 : (환하게 웃으며) 대포가 장가가서 예쁜 아기 낳는 것도 보셔

야죠.

대포 : (할머니 품에서 일어나) 할머니, 그럼 나 장가보내 줘요.

할머니·선생님 : 뭐라고? 하하하…….

대포 : (좋아서 춤을 추며) 우리 할머니가 살았어. 할머니, 우리 할머

니…….

이때 아난타의 엄마와 아빠가 병실로 급히 들어온다. 환하게 웃던

할머니와 대포, 선생님. 그리고 다급한 표정의 아난타 엄마와 아빠. 서

로 얼굴을 마주 보며 순간적으로 정적이 흐른다.

선생님 : (아난타의 부모를 보고) 이 시간에 무슨 일이세요?

엄마 : 안녕하세요, 선생님. (깨어난 할머니를 본다.) 깨어나셨군요, 대

포 할머니. 기운을 찾으셨네요.

아빠 : (할머니에게 다가간다.) 정말 잘됐네요. 어서 일어나셔야죠.

할머니 : 네, 그런데 이 늦은 밤에 무슨 일로 여기까지 오셨어요?

엄마 : (대포를 보고 대포에게 다가간다.) 대포야, 혹시 아난타 못

봤니?

대포 : (어리둥절한 표정으로) 아니요, 못 봤는데요.

선생님 : 아난타는 왜요? 무슨 일이 있나요?

아빠 : 아난타가 저녁 무렵에 집을 나갔는데 아직까지 돌아오지 않고
있어요.

선생님 : (놀란 표정으로) 아난타가 이 시간까지 안 돌아왔다고요?

할머니 : (몸을 일으키며) 아니, 그런 일이?

엄마 : (할머니를 부축한다.) 무리하지 마시고 누워 계세요. (대포를 보
며) 대포야, 혹시 아난타가 어디 갔을지 생각나는 데 없니?

아빠 : ('진정한 복수'라고 써 있는 종이를 들어서 보여 준다.) 방에 이
런 게 있던데…….

대포 : (종이에 써 있는 글자를 읽는다.) 진. 정. 한. 복. 수?

엄마 : 그래, 대포야. 책상에 저런 글자를 써 놓고는 집을 나가서 아직
도 돌아오지 않고 있단다. 뭐 생각나는 거 없니?

대포 : 진정한 복수. 알아요. 알 것 같아요.

선생님 : 안다고? 뭘 안다는 거니?

아빠 : 그래, 대포야. 이게 도대체 무슨 뜻인지 말해 주렴.

할머니 : 대포야, 어서…….

대포 : 그러니까, 그게…… 제가 전학 온 지 얼마 안 됐을 때 일인데
요…….

12장 [학교 운동장]

아난타가 전학 온 지 얼마 안 된 어느 날의 운동장. 아난타가 운동장 한가운데 서 있다. 주위는 어둡고 아난타에게만 조명이 비치고 있는 가운데 아난타가 주변을 두리번거리면서 불안해한다. 어둠 속에서 아이들의 목소리가 들린다.

목소리1 : 너는 어느 나라에서 왔니?

목소리2 : 얼굴이 왜 그렇게 까매? 아프리카에서 온 거야?

목소리3 : 너희 식구들도 다 얼굴이 까매?

목소리1 : 너희 나라에서는 까만 음식만 먹니? 그래서 까만 거야?

아난타 : 난 인도에서 왔어. 인도 사람이라고!

목소리2 : 인도라고? 차 다니는 길은 차도고, 사람 다니는 길은 인도인데. 그럼 넌 사람 다니는 길에서 온 거야?

목소리3 : 사람 다니는 길이 너희 나라라고?

목소리1·2·3 : 하하하, 참 이상한 나라도 다 있네.

목소리1 : 그럼, 차도라는 나라도 있나?

아난타 : 아니, 아니라니까! 인도라는 나라야. 인도! (주저앉아서 아이들의 목소리가 듣기 싫은 듯 귀를 막고 괴로워한다.)

대포 : (괴로워하는 아난타 곁으로 걸어온다.) 그만들 해! 왜 친구를 괴롭히는 거야? 어서 저리 가지 못해! (주위가 밝아진다.)

아난타 : (귀를 막고 있다가 대포의 목소리를 듣고 대포를 바라본다.) 넌 누구니?

대포 : (아난타의 옆에 앉는다.) 나, 너랑 같은 반이야. 제일 앞줄에 앉
      아 있었는데, 잘 생각이 안 나나 보구나.

아난타 : 아…… 우리 반…….

    대포가 아난타의 손을 잡고 일으켜 세우고는 운동장 한쪽의 벤치
로 걸어간다. 둘이 벤치에 앉는다.

대포 : 어디 다친 데는 없어?

아난타 : 없어. 도와줘서 고마워.

대포 : 그래, 다행이다. 이름이 아난타라고 했지?

아난타 : 응, 내 이름은 아난타야.

대포 : 내 이름은 대포.

아난타 : 대포?

대포 : 그래, 한대포. 나도 전엔 놀림받을 때가 있었어. 지금은 아니
      지만. 앞으로 널 괴롭히는 녀석들이 있으면 내가 복수해 줄게.
      걱정하지 마.

아난타 : 복수? 복수가 뭐야?

대포 : 그건 말이야, 너를 괴롭힌 녀석들을 내가 똑같이 괴롭혀 준다
      는 말이야.

아난타 : 날 놀린 아이가 있으면 네가 그 아이를 똑같이 놀려 주는 거야?

대포 : 그래, 바로 그거야.

아난타 : 그러지 마. 그런 복수는 좋은 거 아니야.

대포 : 안 좋은 거라고? 내가 널 위해서 해 준다는데도?

아난타 : 그런 나쁜 복수 말고 좋은 복수를 해 줘.

대포 : 좋은 복수? 좋은 복수도 있어?

아난타 : 인도에서는 자신을 괴롭히는 사람들에게 욕을 하거나 똑같이 괴롭히지 않아.

대포 : 그럼 어떻게 해?

아난타 : 자기를 괴롭힌 사람을 위해서 잘되라고 기도해 줘.

대포 : 날 괴롭힌 사람을 위해서 기도한다고?

아난타 : 응. 그런 게 바로 진정한 복수라고 생각하는 거야.

대포 : 진정한 복수?

아난타 : 응. 진정한 복수.

대포 : 진. 정. 한. 복. 수……. (고개를 숙이고 한동안 말이 없다가 울먹이는 목소리로) 난 있잖아, 엄마, 아빠에게 복수할 거라고 다짐했었어.

아난타 : (놀라는 표정으로) 엄마, 아빠에게 복수를 한다고?

대포 : 우리 엄마, 아빠 날 버리고 도망갔어. 나랑 할머니만 남겨 두고 말이야……. (흐느낀다.)

아난타 : 엄마, 아빠 모두?

대포 : 그래, 내가 어릴 때 나 몰래 도망갔단 말이야. 그래서 할머니랑 단둘이 살아. 난 이담에 크면 엄마, 아빠에게 복수할 거라고 다짐했어. 왜 날 혼자 두고 가 버렸냐고 따지고 화낼 거라고!

아난타 : 그랬구나…….

대포 : 할머니마저 도망치면 어떻게 해. 할머니를 보면 자꾸만 그런 생각이 들어. 할머니도 언젠간 도망칠 거라고 생각하면 눈물이 나와서 참을 수가 없어.

아난타 : (흐느끼는 대포의 등을 감싼다.) 대포야…….

대포 : 요즘 들어 할머니가 많이 아프셔. 그래서 걱정이야. 할머니가 아플 때마다 날 혼자 두고 떠난 엄마, 아빠에 대한 복수심이 더 강해져.

아난타 : 대포야, 진정한 복수는 네 곁에 남아 있는 할머니를 위해서 쓰는 거야.

대포 : 할머니를 위한 복수라고?

아난타 : 그래, 할머니를 위한 복수가 진정한 복수야.

대포 : 그게 뭔데?

아난타 : 할머니가 아프지 않게 해 드리는 거지. 할머니 일을 도와드리거나, 할머니가 많이 아프시면 약을 구해 온다거나…….

대포 : 그게 진정한 복수라고?

아난타 : 그래. 널 두고 떠난 엄마, 아빠를 미워하지 말고, 지금 너와 함께 있는 할머니를 위해서 노력하는 것이 진정한 복수야.

대포 : 진정한 복수. 그래, 할머니가 아프지 않게 할 거야! 만일 할머니가 아프면 내가 직접 할머니 병을 고치기 위해서 약을 구해 올 거야.

아난타 : 그래, 그렇게 해.

대포 : (학교 뒤편의 산을 가리킨다.) 아난타, 저기 저 산 보이지?

아난타 : (고개를 들어 대포가 가리키는 산을 바라본다.) 응, 보여.

대포 : 저 산꼭대기 바위 근처에 소나무가 많이 있는데, 그 소나무 주변을 잘 찾아보면 아무리 아픈 병도 나을 수 있는 약을 구할 수 있대.

아난타 : 그래? 그런데 너무 높고 험해 보이는데…….

대포 : 옆집 할아버지는 약초 캐러 다니는 심마니였는데 저 산꼭대기 바위 근처에서 그 약초를 캐셨대. 그걸 먹고 아직까지도 산을 타신대. 정말 건강하셔.

아난타 : 그래? 그 약초가 뭔데?

대포 : 산삼이라는 거야. (바닥에 손가락으로 그림을 그리며) 그 할아버지가 말씀해 주셨는데, 잎은 이렇게 생기고, 이렇게 생긴 빨간 열매가 맺힌대. 그게 바로 산삼이래.

아난타 : 아, 이거! 인도에서도 이 약초를 생명을 구하는 만병통치약이라고들 해. 그런데 정말 캐기 힘들다고 하던데.

대포 : 상관없어. 할머니가 또 아프면 내가 꼭 저 산에 올라가서 그 약초를 구해 올 거야.

아난타 : 그래, 대포야. 이제 엄마, 아빠에 대한 원망은 그만해. 나쁜 복수는 그만두고 좋은 복수, 진정한 복수만 생각해.

대포 : 고마워 아난타. 우린 이제 친구야. (수업 시작종이 울린다.) 어, 종 친다. 들어가자.

아난타 : 그래, 친구야. (자리에서 일어나 대포와 어깨동무를 하고 걸어간다.)

13장 [대포 할머니의 병실]

아난타의 이야기를 듣고 대포가 어디로 갔는지 알게 된 선생님, 아빠, 엄마, 할머니가 모두 어쩔 줄 몰라 안절부절못한다.

선생님 : 아니, 그럼 아난타가…….

아빠 : 산삼을 캐려고 이 밤중에…….

엄마 : 그 험하고 위험한 데를 올라갔다고?

대포 : 아마도…….

할머니 : 아이고, 이를 어쩌냐?

엄마 : 그럼, 어서 찾으러 가야죠.

선생님 : 일단 경찰서에 연락부터 하고요.

아빠 : 대포야, 거기가 어딘지 자세히 알 수 있겠니?

대포 : 네, 알아요.

엄마 : 어서요, 어서! 더 늦기 전에요.

할머니 : (침대에서 일어나려는 듯) 그, 그럼 나도 가야지…….

이때 아난타가 병실로 뛰어 들어온다. 아난타는 온몸이 흙투성이에 머리에는 헤드랜턴을 달고 있고, 한쪽 손에는 지팡이를, 다른 한쪽 손에는 약초를 들고 있다.

아난타 : (몹시 흥분된 목소리로) 찾았어요! 찾았다고요!

선생님·아빠·엄마·할머니 : 아난타!

대포 : 아난타! 어디 갔다가 이제 나타난 거야? 다들 얼마나 걱정했는지 알아?

엄마 : 그래, 아난타. 도대체 어딜 갔다 온 거니? 그리고 이 꼴은 또 뭐야?

대포 : 완전 거지꼴이네.

아난타 : (대포에게 약초를 들이대며) 복수야. 너한테 복수하려고 그랬어.

아빠 : 복수? 대포한테?

선생님 : 아니, 대포한테 무슨 복수할 일이 있다고?

아난타 : 대포 녀석이 절 때리려고 했거든요.

대포 : 무슨 소리야? 네가 날 넘어뜨렸잖아!

선생님 : 그만! 그만하고 자초지종을 들어 보자.

아난타 : 대포 할머니가 쓰러지셨다는 얘기를 듣고 너무 가슴이 아팠어요.

대포 : 거짓말 아니야?

선생님 : 대포야, 그만!

아난타 : 인도에서는 자기한테 잘못한 사람에게 나쁜 행동을 하지 않아요. 반대로 그 사람을 위해서 기도하죠. 잘되게 해 달라고요.

선생님 : 그래? 그거 아주 좋은 생각이구나.

아난타 : 지난번에 대포가 저를 때리려고 해서 저희 사이가 나빠졌어요.

대포 : 아니, 내가 언제 널 때리려고 했다는 거야?

할머니 : (손짓으로 대포를 말리며) 대포야…….

대포 : (겸연쩍은 듯이) 네, 할머니.

아난타 : 그런데 오늘 저녁 대포 할머니가 쓰러지셨다는 말을 들었어
　　　　요. 대포가 얼마나 할머니를 사랑하는지 알고 있어서 너무나
　　　　가슴이 아팠어요. 하지만 대포랑 다툰 다음이라 위로해 줄 수
　　　　가 없었어요. 그러다 생각났죠.

대포 : 진정한 복수?

아난타 : 그래, 진정한 복수.

아빠 : 그래서?

아난타 : 그래서 할머니를 낫게 해 드리려고 약초를 구하러 간 거예
　　　　요. (약초를 들어 올리며) 보세요, 제가 이걸 구했어요. 할머니
　　　　를 치료할 산삼을 구했다고요. 대포를 위해 진정한 복수를 한
　　　　거예요.

선생님·아빠·엄마 : (아난타의 손에 들린 약초를 일제히 쳐다본다.) 어?
　　　　진짜 산삼이네.

대포 : 진짜 산삼을 구한 거야? 나한테 진정한 복수를 하려고?

아난타 : 그래, 대포야. 내가 산삼을 캤다고!

대포 : (아난타를 끌어안는다.) 아난타, 넌 진정한 내 친구야. 정말 고
　　　　맙다. 우리 할머니를 위해서 저 높은 산을 한밤중에 올랐다
　　　　니…….

아난타 : (자랑스러운 듯이) 그게 말이야, 산을 올라가려고 마을을 나
　　　　서는데 산 아래에서 어렴풋이 산삼이 보이더라고. 그래서 가까

이 다가가니까 한두 뿌리가 아니라 엄청나게 많이 있는 거야. 급한 김에 일단 그중에서 제일 큰 거 하나만 가져왔어. 내일 날이 밝으면 대포 너도 같이 가 보자.

대포 : 산 아래 마을 끝에서 캤다고?

아난타 : 응, 산 아래.

대포 : (창밖의 산을 가리키며) 저기 저 높은 산꼭대기가 아니고?

아난타 : 그렇다니까. 산 아래에 산삼이 있는데 뭐 하러 거길 올라가?

선생님·엄마·아빠 : 그렇다면…….

대포 : 그렇다면…….

아난타 : 그렇다면?

할머니 : 옆집 할아버지네 인삼밭인 게로구나.

아난타 : 인삼밭이요?

선생님·엄마·아빠 : 아이쿠야, 아난타…….

아난타 : (어리둥절한 표정으로) 왜, 왜들 그러세요? 왜 그런 표정으로 보세요?

할머니 : (아난타에게 가까이 오라고 손짓을 한다.) 아난타야, 이리 오너라. (아난타가 할머니 곁으로 가자 아난타를 끌어안는다.) 이 할미를 위해서 그 귀한 산삼을 구해 올 생각을 하다니, 정말 고맙구나. 저 산꼭대기 바위 숲에서 캐 온 산삼보다 더 귀한 것이로구나.

대포 : 귀하긴 뭐가 귀해요. 그건 그냥 인삼이라고요.

할머니 : 대포야, 네 친구가 이 할미를 위해서 애써 구해 온 건데 산삼

이면 어떻고, 인삼이면 어떻고, 또 도라지면 어떠냐. 그 마음, 그 정성이 더 중하지.

대포 : (머리를 긁적인다.) 네…….

아난타 : (할머니 품에 안긴다.) 할머니, 이제 이거 드시고 벌떡 일어나세요. 대포는 저의 제일 친한 친구예요. 대포가 할머니를 얼마나 사랑한다고요. 그러니까 아프지 말고 건강하셔야 해요.

할머니 : (대포를 향해 손짓한다.) 대포야, 이리 오렴. (다가온 대포를 아난타 옆에 같이 안는다.)

대포 : (할머니 품에 안기면서 옆에 있는 아난타를 보며 웃는다.) 아난타…….

아난타 : 대포야…… 히히.

아빠 : (손뼉을 치며) 자, 자, 이제 아난타도 무사히 돌아왔으니 두 친구의 문제를 해결해야죠?

엄마 : 두 친구의 문제라뇨?

선생님 : 아하, 맞아요! 대포와 아난타가 왜 싸웠는지 이유를 알아야겠어요. 그래야 누굴 벌주고 누굴 혼낼지 알 수 있죠.

아빠 : 하하, 결국 둘 다 혼내신단 건가요?

대포·아난타 : (할머니 품에서 벌떡 일어선다.) 아니, 그게 말이에요.

14장 [초등학교 텃밭]

아이들과 선생님이 학교 텃밭에서 수업을 하고 있다. 대포는 아난타가 아끼는 꽃에 물을 주고 있고, 아난타는 몇 발자국 떨어진 곳에서 대포가 키우는 방울토마토를 따고 있다.

대포 : (꽃에 물을 주면서 혼잣말로) 아난타의 꽃들아, 예쁘게 커라.
　　　내가 맛있는 물을 많이 줄 테니까.

아난타 : (대포가 기르는 방울토마토를 딴다.) 잘 익은 방울토마토를
　　　대포 할머니께 갖다 드려야지. 대포가 할머니를 생각하면서 정
　　　성껏 키운 거니까.

대포 : (어디서 벌이 날아다니는 소리가 들리고, 소리가 들리는 쪽으로
　　　고개를 돌린다. 벌이 아난타 쪽으로 날아가자 아난타가 벌에 쏘
　　　이지 않게 하려고 아난타 쪽으로 잽싸게 몸을 날려 한 손으로
　　　벌을 쫓으려고 한다.) 에잇, 이 녀석이! (순간 휘청이는 몸의 균
　　　형을 잡으려고 발을 내딛다가 실수로 아난타의 꽃을 밟는다.)
　　　어, 어, 꽃…….

아난타 : (대포가 자신을 향해 한 손을 들고 달려드는 모습과 자기 꽃
　　　을 밟는 모습을 본다. 그러다 대포의 방울토마토가 다치지 않게
　　　몸을 굽히는데 대포가 몸의 균형을 못 잡고 아난타의 발에 걸
　　　려 방울토마토 위로 넘어진다.) 어어어, 토마토…….

대포 : (넘어진 채 다친 무릎을 만진다.) 아야야, 아파……. 피가 나잖
　　　아…….

15장 [대포 할머니의 병실]
대포와 아난타가 서로 오해하게 된 상황을 알게 되고는 다들 황당

해하며 웃는다.

선생님 : 그랬구나. 아난타도, 대포도, 친구를 위한 행동이 오해를 불
러일으켰구나.

아난타 : 대포야, 미안해. 난 또 그런 줄도 모르고…….

대포 : 아니야, 아난타. 내가 조심하지 않아서 그런걸 뭐.

선생님 : 이제 둘 다 오해는 풀렸지? 그런데 친구를 위하는 두 사람 마
음이 예쁘니 상을 줘야 겠는걸?

아난타 : 상을 주신다고요?

선생님 : 그래.

대포 : 어떤 상인데요?

선생님 : 이 선생님과 가족들의 속을 애타게 한 죄를 복수해 주는 상!

아난타 : 네? 복수해 주는 상이요?

선생님 : 그래, 복수는 복순데, 진정한 복수! 내일 방과 후에 선생님이
너희들한테 떡볶이 쏜다!

대포·아난타 : 우와, 선생님이 떡볶이 사 주신다!

엄마·아빠 : 그야말로 대포와 아난타를 위한 진정한 복수네요.

다 같이 : 그러게 말이에요. 하하하하…….

웃음소리가 이어지는 가운데 멀리서 할아버지 목소리가 들려온다.

할아버지 목소리 : 어떤 놈이야? 어떤 놈이 우리 인삼밭에 들어갔어?

200

내 이놈 잡히기만 해 봐라!

대포 : 아난타, 할아버지가 단단히 화가 나셨나 봐.

아난타 : 히힛, 내일 할아버지 찾아뵙고 죄송하다고 말씀드려야지.

대포 : 그래, 그러자. 사정을 말씀드리면 다 용서해 주실 거야.

할아버지 목소리 : 네 이노옴…….

무럭이 농장

때 : 어느 여름

곳 : 무럭이네 집과 주말농장, 아저씨네 집

나오는 이 : 무럭이, 경비원, 달팽이, 지렁이, 두더지, 잡초, 아저씨,

아내, 아들, 딸

1장 [무럭이네 집 앞]

벨 소리와 함께 '택배 왔습니다.' 하는 목소리가 들리면 막이 오른
다. 무럭이네 집 문 앞에 커다란 상자가 놓여 있다.

무럭이 : (아파트 문을 열고 나와 밖에 놓인 상자 주변을 두리번거린
다.) 이게 뭐지? 무슨 택배 상자가 이렇게 커? 누구한테 온 거
야? (택배 상자에 붙어 있는 운송장을 보고 읽는다.) 강, 무, 럭.
내 이름이네? 누가 나한테 이렇게 큰 상자를 보냈지? 내 생일
선물인가? 아니야, 생일은 벌써 지났는데…… 빨리 열어 봐야
겠다. 그런데 이걸 어떻게 들고 들어가지? 경비 아저씨께 도와
달라고 해야지.

무럭이가 도움을 청하러 엘리베이터를 타고 내려간 사이 상자가
들썩거리더니 문 안으로 조금씩 움직이며 들어간다. 그 사이 무럭이

는 경비원과 함께 다시 엘리베이터를 타고 올라온다. 엘리베이터에서 경비원과 함께 내린 무력이는 상자가 없어진 것을 보고 놀란다.

무력이 : (두리번거리며) 어? 택배 상자가 어디로 갔지? 조금 전까지만 해도 여기 있었는데…….

경비원 : 이 녀석, 장난치는 거 아니지?

무력이 : 아니에요. 분명히 제 이름이 적힌 커다란 상자가 여기 있었어요.

경비원 : 그렇게 큰 상자가 발이 달려서 저 혼자 걸어가기라도 했다는 거냐? 네가 뭘 잘못 본 거겠지. 아니면 앞집 물건이었는지도 모르겠구나.

무력이 : (머리를 긁적이며) 그런가요? 죄송해요, 경비 아저씨.

경비원이 엘리베이터를 타고 내려가고 무력이는 문을 열고 집으로 들어간다. 그런데 거실에 바로 그 택배 상자가 놓여 있는 것을 보고 다시 문을 열고 뛰어나온다.

무력이 : (엘리베이터를 향해 소리친다.) 아저씨, 아저씨! 상자가 여기 있어요! 그 상자요! 내려가 버리셨네. (다시 거실로 들어온다.) 이게 도대체 어떻게 된 일이지? 아무튼 열어 봐야겠다.

무력이가 상자를 열려고 손을 대는 순간 상자가 꿈틀거리더니 그 안에서 두더지, 달팽이, 지렁이가 각기 튀어나온다. 무럭이가 깜짝 놀라 거실 바닥에 주저앉으며 정신을 잃는다. 두더지, 달팽이, 지렁이가 무럭이를 정신 차리게 하려고 허둥댄다.

두더지 : (무럭이의 얼굴을 이리저리 만지고 흔들어 본다.) 무럭아, 무럭아! 정신 차려!

지렁이 : 죽은 건 아니지? 숨은 쉬고 있어? 인공호흡이나 심폐 소생술을 해야 하는 거 아냐?

두더지 : 야, 달팽아! 어서 가서 물 좀 떠 와. 얼굴에 물을 뿌리면 정신을 차릴지도 모르니까. 어서, 어서 빨리!

달팽이 : 그래 알았어. 내가 얼른 가서 물을 떠 올게. (달팽이가 아주 느릿느릿 몸을 움직이면서 물을 뜨러 간다.)

두더지 : (너무나 느린 달팽이를 바라보며) 야! 뭐하는 거야? 빨리 갔다 오라니까!

달팽이 : (계속 느릿느릿 움직인다.) 지금 엄청 빨리 달리고 있어. 조금만 기다려.

두더지 : (자기 가슴을 친다.) 아휴, 답답해. 이러다 무럭이 숨넘어가겠다. 야, 지렁아, 너 심폐 소생술 할 줄 아니?

지렁이 : (자신만만하게) 그럼, 내가 누구냐? 식물이 사는 땅을 살리는 지렁이 아니냐! 땅도 살리는데 무럭이 하나 못 살리겠어? 비켜 봐. 내가 해 볼게.

지렁이가 거실 바닥에 누워 있는 무럭이에게 다가가더니 무럭이 몸을 감싸고 이리저리 안간힘을 쓴다.

두더지 : (그런 지렁이를 바라보면서) 지렁이 너 뭐 하는 거야? 심폐 소
생술을 하려면 두 팔을 쭉 뻗고 두 손을 모아서 무럭이 가슴에
올려놓고 빠르게 30번씩 눌러 줘야지.
지렁이 : (난처한 표정으로) 그, 그래. 맞아……. 그런데 말이야…… 내
가 팔이 없어서…….

그 사이 달팽이가 물바가지를 입에 물고 천천히 들어온다.

달팽이 : (바가지를 건네며) 두더지야, 여기 물 떠 왔어. 엄청 빨리 갔
다 왔지?
두더지 : (바가지를 받아들고) 그래, 참 빨리도 가져왔다.

두더지가 무럭이 얼굴에 물을 붓자 무럭이가 정신을 차리고 자리에서 벌떡 일어난다. 그러고는 다시 소리를 지르며 두더지, 달팽이, 지렁이를 피해 거실 여기저기로 뛰어다니고, 그런 무럭이를 셋이서 쫓아다닌다.

2장 [무럭이네 주말농장]

무럭이네 가족의 텃밭이 있는 주말농장. 무럭이와 두더지, 달팽이,

지렁이가 모여 서서 이야기를 나누고 있다.

무럭이 : (주위를 두리번거리며) 여긴 우리 가족의 주말농장이잖아. 왜
　　　　나를 여기로 데려온 거야?

두더지 : 큰일 나게 생겼어.

달팽이 : (아주 느릿느릿한 말투로) 그래, 큰일 나게 생겼어.

무럭이 : 큰일이 난다니 그게 무슨 말이야?

지렁이 : 다 죽게 될지도 몰라.

달팽이 : (역시 느린 말투로) 다 죽게 될지도 몰라.

두더지 : (달팽이에게) 따라 하지 마! 말을 빨리하든지.

지렁이 : 우리 모두 죽게 될지도 모른단 말이야.

무럭이 : 무슨 말인지 하나도 못 알아듣겠어. 차근차근 설명해 봐. 도
　　　　대체 왜 다 죽을지도 모른다는 거야?

지렁이 : 독약을 먹게 될 거야.

달팽이 : (느린 말투로) 독약을 먹게…….

두더지 : (달팽이를 째려보면서) 하지 말랬지!

달팽이 : (움찔하며 입을 다문다.)

지렁이 : 내가 지난밤에 들었는데, 여기, 무럭이 너희 밭에 농약을 뿌
　　　　릴 거래.

달팽이 : (괴로운 표정으로 온몸을 떨며 소리를 지른다.) 농약, 농약! 안
　　　　돼…… 안 돼…….

두더지 : (무서움에 떨고 있는 달팽이를 달래며) 아니야, 달팽아. 지금

은 아니야.

지렁이 : (달팽이를 보며 안쓰러운 표정으로) 작년 이맘때 달팽이 엄

마 아빠가 농약 때문에 돌아가셨거든.

무럭이 : 우린 농약을 뿌린 적이 없는데…….

두더지 : 그래, 맞아. 무럭이 너희 가족은 농약을 쓰지 않지. 그래서 우

리가 모두 너희 밭으로 피신을 온 거야. 우리가 이사 올 때 혼자

남은 달팽이도 데리고 왔어.

무럭이 : 그런데 왜? 여기 있으면 안전하잖아.

지렁이 : 그렇지 않아. 달팽이 부모님을 죽인 바로 그 아저씨가 밤마다

다른 집 밭에도 농약을 뿌리고 다닌다는 소문이 있어.

무럭이 : 왜 자기네 밭도 아닌데 농약을 뿌리고 다니지?

지렁이 : 잡초 때문이래. 다른 밭 잡초가 자기네 밭에 씨를 날리고, 다

른 밭 잡초에 사는 벌레들까지 날아와서 자기네 밭을 망친다고

생각하는 거야.

　지렁이 말이 끝나자마자 무럭이 밭에 있던 잡초가 그 자리에서 불쑥 일어나 모습을 드러낸다.

잡초 : (버럭 화를 내며) 왜 나 때문이야! 내가 무슨 잘못을 했다고?

　갑자기 나타난 잡초를 보고 다들 깜짝 놀라 한 걸음 뒤로 물러선다.

잡초 : (무럭이와 두더지, 지렁이, 달팽이를 하나하나 쏘아보며) 이름도
　　　제대로 안 부르고 잡초라고 하는 것만도 기분 나쁜데, 왜 나를
　　　없애려고 하는 거야? 도대체 내가 무슨 잘못을 했다고?
달팽이 : (잡초 곁으로 다가간다.) 맞아, 얘는 아무 잘못이 없어. 오히려
　　　나는 얘가 있어서 얼마나 좋은지 몰라. 내가 햇빛을 피해 쉴 수
　　　도 있고, 잠을 잘 수도 있고, 숨을 수도 있게 해 주거든.
잡초 : (달팽이를 감싸 안으며) 달팽아, 고마워. 너는 나의 가치를 알아
　　　주는구나.
무럭이 : 그런데 말이야, 잡초를 없애려고 농약을 뿌리는 게 너희들하
　　　고 무슨 상관이야?
두더지 : 그건 네가 몰라서 하는 말이야. 농약을 뿌리면 풀도 죽고 달
　　　팽이도 죽어. 그 농약이 땅속으로 스며들면 지렁이들도 죽게 되

지. 지렁이가 죽으면……. (점점 울음 섞인 목소리로 흐느끼며) 지렁이가 죽으면, 우리도 죽게 된단 말이야……. 으아앙!

지렁이 : (두더지의 품에 안기며) 울지 마, 두더지야. 네가 나를 그렇게 생각해 주는지 몰랐어.

두더지 : (지렁이를 안으며) 지렁이를 먹고 사는 우리는 어떻게 하라고……. 으허엉!

지렁이 : (두더지를 확 밀어내며) 뭐야, 나를 먹는다고? 너, 이 녀석!

무럭이 : (싸움을 말리며) 자, 자, 그러지 말고 다 같이 대책을 세워 보자.

무럭이와 두더지, 지렁이, 달팽이가 머리를 맞대로 서로 이야기를 주고받는다. 그리고는 모두 함께 '좋았어, 바로 그거야!' 하고 외친다.

3장 [아저씨의 집]

아저씨가 몇 가지 농약을 하나의 병에 섞어 담고 있다. 밖에서 무럭이와 두더지, 달팽이, 지렁이가 아저씨의 행동을 엿보고 있다.

아저씨 : (농약병을 집어 들고) 됐어! 이것만 있으면 이제 잡초를 다 없앨 수 있을 거야. 그러면 채소 잎을 갉아먹는 달팽이도, 징그러운 지렁이도, 땅굴을 파는 두더지까지 모조리 없애 버릴 수 있겠지. 흐흐흐. 바로 오늘 밤! 오늘 밤 전부 다 없애 버리는 거야. 이 농약으로 말이야.

농약병을 구석에 숨겨 놓고 식탁에 앉는다.

아저씨 : (식구들을 큰 소리로 부른다.) 자, 다들 저녁 먹자! 여보, 애들
아, 어서 와서 저녁 먹어야지.

딸과 아들이 들어와 식탁에 앉는다.

아들 : (아직 들어오지 않은 엄마가 있는 쪽을 향해) 엄마, 오늘은 무
슨 반찬이에요?

딸 : 난 다이어트에 좋은 채소를 먹어야지.

아들 : 난 상추에 고기를 싸서 먹는 게 제일 좋아.

아저씨 : 너희 엄만 요리 솜씨가 좋으니까 건강하고 맛있는 반찬이 나
올 거야.

아내 : (여러 가지 반찬을 가져와 식탁에 올려놓는다.) 오늘은 우리
가족이 함께 가꾼 주말농장에서 따 온 채소로 반찬을 만들었
단다.

아들 : 우와, 드디어 우리도 우리 밭에서 기른 채소를 먹네요.

딸 : 내가 심은 상추랑 고추도 있네.

아내 : 그래, 맞아. 우리 가족이 먹을 거라서 아빠가 건강하게 기른 채
소들이야. 농약은 단 한 방울도 뿌리지 않았으니까 말이야.

아저씨 : (엄마의 말을 듣고 당황스러운 표정으로) 그, 그래…… 우리
가족이 먹을 거라서 농약을 무지하게…… 아니, 단 한 방울도

안 뿌렸지. 자, 자, 어서 먹자.

딸 : (상추를 들여다보면서) 그런데 아빠 상추가 좀 이상해.

아내 : 뭐가? 상추가 얼마나 보기 좋으니. 벌레 먹은 게 하나도 없이 깨
　　　끗하잖아.

딸 : 그러니까 말이야. 농약을 하나도 안 뿌리고 키운 채소는 벌레 먹
　　은 자국이 있대. 그게 더 건강한 거라는데…….

아들 : (옆에 있던 다른 상추를 들어 보면서) 그러게 말이야. 정말 한
　　　방울도 농약을 뿌리지 않은 것치고는 너무나 멀쩡한데.

아내 : (아저씨를 바라보면서) 여보, 정말 농약을 단 한 방울도 안 뿌
　　　린 게 확실하죠? 그렇죠?

아저씨 : (당황한 말투로) 그, 그럼……. 괜한 소리 말고 어서 먹자.

　　아들이 상추를 집어 들려고 하자 식탁 뒤쪽에 숨어 있던 두더지가
불쑥 나타나며 '안 돼, 먹지 마!'라고 소리친다. 이어서 딸이 옆에 있던
오이를 집으려 하자 지렁이가 쑥 나와 '먹지 마! 농약 덩어리야!' 하고
소리 지른다. 아내가 놀라 고추를 집으려고 하니 이번에는 달팽이가
고개를 내밀며 '농약, 농약! 살인자, 살인자!' 하고 외친다.

　　순식간에 아저씨네 저녁 식탁이 아수라장이 된다. 이 모습을 옆에
서 지켜보고 있던 무럭이가 아저씨네 식구들 앞으로 나온다.

아저씨 : (무럭이를 바라보면서) 너, 넌 누구냐?

아내 : 이게 대체 무슨 일이야? 그리고 너희들은 도대체 어디서 온

거니?

아들 : 농약 덩어리라니, 아빠, 이게 다 우리 밭에서 키운 거 맞아요?

딸 : 우리 밭에는 농약을 하나도 안 뿌렸다면서요?

아내 : 여보, 말해 봐요.

아저씨 : 아, 아니, 난 정말 농약은 단 한 방울도……

무럭이 : (구석에 숨겨 둔 농약병을 꺼내 와 모두에게 보여 준다.) 그러면 이건 뭐죠? 이 농약병은 뭐냐고요? 아저씨네 밭에 뿌리는 것도 모자라서 밤마다 다른 밭에도 농약을 뿌렸잖아요!

아내, 아들, 딸이 아저씨를 쳐다보며 동시에 '여보!', '아빠!' 하고 외친다.

무럭이 : 아저씨가 뿌린 농약 때문에 얘네들이 다 죽게 생겼어요. 달팽이의 부모님도 죽었고요.

달팽이 : 살인마! 살인마!

두더지 : (달팽이를 말리며) 진정해, 달팽아.

무럭이 : 농약을 뿌리면 잡초만 죽는 게 아니에요. 밭에 사는 곤충이나 작은 동물들이 다 죽어요. 얘네들은 모두 흙을 건강하게 만들어 주는 좋은 친구들이에요. 농약이 없어도, 화학 비료가 없어도 이 친구들 덕분에 식물이 건강하게 자랄 수 있는 거라고요.

아내 : 우리 아이들한테 농약 덩어리를 먹이려고 했어요?

딸 : 아빠, 나한테 농약 뿌린 채소를 준 거예요?

아들 : 아빠, 너무했어요!

아저씨 : (가족들에게) 미안하다, 내가 잘못했어. 난 그냥 잡초만 없애
　　　려고 했을 뿐인데…….

　　그때 밖에서 엿듣고 있던 잡초가 뛰어 들어온다.

잡초 : (아저씨를 향해) 내가 뭘 잘못했다고 날 없애려는 거예요? 도대
　　　체 왜요?

아저씨 : (당황하며) 아, 아니, 난…… 그러니까…….

잡초 : 사람들이 날 무시하면서 잡초라고 부르지만 나도 예쁜 이름이
　　　있는 어엿한 풀이라고요! 세상에 이름 없는 풀은 없어요. 쓸모
　　　없는 풀도 없고요! 화려한 꽃이 없어도, 맛있는 열매를 맺지 못
　　　해도 난 산과 들을 아름답게 만드는 풀이라고요. 그렇게 막 뽑
　　　아 버릴 만큼 잘못한 게 아무것도 없단 말이에요!

아저씨 : 그래, 알았다. 내가 잘못했다. 이제 농약을 뿌리지 않으마.

　　아저씨 주변에 있던 가족들과 무럭이, 두더지, 달팽이, 지렁이, 잡초
가 모두 아저씨를 향해 서고, 아저씨가 농약병을 멀리 집어 던지면서
막이 내린다.

사패산 결투

때 : 어느 여름
곳 : 사패산
나오는 이 : 맹꽁이, 개구리, 뱀, 들쥐, 길고양이, 기자, 앵커(목소리)

1장 [사패산 중턱의 작은 연못]

맹꽁이, 개구리, 뱀, 들쥐, 길고양이가 연못가에 모여 이야기를 나누고 있다.

길고양이 : (두 앞발을 들고 발톱을 세우며) 누구든 맹꽁이를 건드렸다간 내가 가만 두지 않겠다!

뱀 : (머리를 들어 긴 혀를 날름거리며) 누가 할 소리? 맹꽁이는 내가 지킨다.

들쥐 : (뱀과 길고양이 사이를 오가며) 이거 좀 이상한데? 맹꽁이를 위하는 것 같기도 하고 아닌 것 같기도 하고…….

개구리 : (팔짱을 끼고) 난 뭐야, 그림! 난 아무도 지켜 주지 않겠다는 거야? 나 참, 어이가 없어서……. 저 못생긴 맹꽁이가 뭐가 좋다고들 난리야?

맹꽁이 : (어눌하고 느린 목소리로) 다들 그만둬. 내 몸은 내가 지켜. 날

214

건드리면 내가 가만히 있지 않을 거야!

들쥐 : 네 몸은 네가 지킨다고? 어떻게? 지키기는커녕 길바닥에 깔려
죽지나 말아라.

길고양이 : 아, 됐어! 맹꽁이를 위해서 내가 결투에 나선다. 날 막을 생
각은 하지 마.

뱀 : 막기는 누가 막아. 너도 길바닥에 깔려 죽지나 않으면 다행이야.

개구리 : 치, 아무도 날 지켜 주려고 하지 않네. 난 여길 떠날 거야. 내
가 떠나도 누구도 서운해하지 않겠지. 흑흑…….

맹꽁이 : 개굴아, 그러지 마. 네가 있어야 나도 있어. 네가 떠나면 나도
떠나야 해. 그러면 우린 다 죽고 말 거야.

들쥐 : 그렇지. 개구리 떠나면 맹꽁이도 떠나고, 맹꽁이가 떠나면 뱀도
길고양이도 떠나고…… 그렇게 되면…… 우와, 내 세상이네!

개구리 : 멍청하긴! 다 떠나면 여긴 그냥 어두운 감옥일 뿐이야. 네가
숨어 지낼 땅도 없고 마실 물도 없어져. 아무것도 없는 암흑 속
에서 매일 죽을 날만 기다리게 될 거라고!

길고양이 : 결투를 하자! 우리 모두 힘을 합쳐서 결투를 해야 돼! 사패
산 결투! 결투만이 살 길이야.

맹꽁이 : 결투는 내가 할 거야. 우리 맹꽁이들이 스스로 맞설 거야. 내
가 평생 살아온 곳이고 살아갈 곳이야. 내가 떠나면 다 떠나고
아무도 살 수 없어. 내가 지킬 거야. 그러니 다들 나만 믿고 있
어. 아니, 우리만 믿고 있어.

개구리 : 정말 맹꽁이 네가 할 거야? 너희들끼리만?

맹꽁이 : 그래! 우리 맹꽁이들이 할 거야!

길고양이 : 뭐, 그렇다면 어쩔 수 없지만…….

뱀 : 내가 뭐 도와줄 건 없어?

들쥐 : 도와주긴 뭘 도와줘? 잡아먹지나 말지.

뱀 : 맹꽁이들이 사라지면 나도 죽는 거야. 먹을 게 없어지니까 말
　　이야.

개구리 : 그걸 말이라고 하냐, 이 상황에서?

맹꽁이 : 자, 이제 사패산 결투의 날이 다가왔어. 우리가 간다!

들쥐·개구리 : 맹꽁이! 맹꽁이! 맹꽁이!

　맹꽁이 울음소리가 하나둘 들려오기 시작하더니 점점 더 커지고
무대가 어두워진다.

2장 [사패산 터널 공사 현장]

무대가 밝아지고, 조금 작아지기는 했지만 여전히 맹꽁이 울음소리가 들려오는 가운데 공사 현장 앞에서 기자가 보도를 하고 있다. 기자 뒤로 맹꽁이 떼의 모습이 보인다.

기자 : 여기는 사패산 터널 공사 현장입니다. 제 뒤로 맹꽁이 수천 마리가 공사 현장으로 몰려나온 모습이 보입니다. 이렇게 많은 맹꽁이들이 산 아래로 나온 것은 누구도 예상치 못한 이변입니다. 사패산 터널 공사를 위한 환경 영향 평가에서는 이곳에 맹꽁이가 단 한 마리도 살지 않는다고 했습니다. 멸종 위기 야생 생물 2급인 맹꽁이가 이곳 사패산에 이렇게 많이 살고 있다는 사실을 미리 알았더라면 공사를 강행하지 않았을 것입니다. 정말 이변입니다. 마치 맹꽁이들이 사패산 터널 공사를 막기 위해 시위를 하는 것과 같은 진기한 풍경입니다. 인간이 불러온 재앙에 결투를 신청하는 것 같기도 합니다. 앞으로 터널 공사는 어떻게 될까요? 사패산 결투의 현장에서 김대식 기자였습니다.

어수선한 사람들의 말소리와 맹꽁이 울음소리가 뒤섞여 들려온다. 무대가 어두워지고 잠시 후 저녁 뉴스에서 소식을 전하는 앵커의 목소리가 들린다.

앵커 : 뉴스를 전해 드리겠습니다. 오늘 사패산 터널 공사 현장의 맹꽁

이 때 출현으로 인해 공사가 일시 중단되기에 이르렀습니다. 정부는 사패산 환경 영향 평가를 실시한 기관에 책임을 묻기로 했습니다. 환경 단체들이 강력히 항의하며 대책을 요구하는 가운데 관계 부처에서는 맹꽁이 서식지 보호를 위한 계획 수립에 나서겠다고 밝혔습니다. 한편, 공사 재개를 위한 관련 기업들의 압력 또한 거세지는 가운데…….

앵커의 목소리가 작아지면서 여러 곳에서 뉴스를 전하는 앵커와 기자들의 목소리가 들려온다.

"지구 온난화의 가속으로 기상 이변이 속출하고 극지방의 해수면이 상승하는 등 피해가 커지는 상황을 우려하는 목소리가……."

"도로 건설 공사로 인해 멸종 위기 생물들이 그야말로 위기를 맞고 있는 가운데……."

"도시 건설과 확장으로 환경이 파괴되면서 동식물이 사라지고 인간의 생활도 위험에 처하게 됐다는 환경 전문가들의 경고를……."

모든 목소리들이 작아지면서 사이렌 소리가 들리고 조명이 어수선하게 여기저기 비추며 사람들의 비명 소리가 들린다. 잠시 후 모든 것이 사라지고 막이 내린다.

사람의 길, 동물의 길

북한산 국립 공원의 북쪽 끝에 있는 사패산은 경기도 의정부시와 양주시 사이에 있는 높이 552미터의 산입니다. 2001년 이 사패산에 길이가 4킬로미터에 달하는 긴 터널의 공사가 시작됩니다. 하지만 공사는 환경 파괴를 우려하는 불교계와 환경 단체의 반대로 2년 동안이나 중단되었습니다. 몇몇 스님들과 환경 단체 회원들은 현장에 철조망을 치고 농성을 벌이기도 했습니다. 공사는 많은 논의와 검토를 거쳐서야 겨우 다시 시작될 수 있었습니다.

산을 깎아 도로를 만들고 산에 구멍을 내어 터널을 만들면 사람들의 생활은 편리해집니다. 목적지까지 더 빠르고 편리하게 갈 수 있으니까요. 하지만 산에 살고 있던 동물들에게는 재앙이나 다름이 없습니다. 먹이를 구하려고 늘 지나다니던 곳이 어느 날 도로로 막혀 버리고, 서식지가 공사로 파헤쳐집니다. 도로를 건너려다가는 빠르게 달리는 차에 '로드 킬'을 당하기도 합니다.

오직 사람들의 편리를 위해서 자연을 해치고 야생 동물의 생존을 위협해서는 안 됩니다. 하지만 그렇다고 해서 도로나 터널을 지어선 안 된다고 할 수도 없습니다. 그래서 생각해 낸 것이 '생태 통로'입니다.

생태 통로는 도로나 댐 등의 건설로 야생 동물의 서식지가 절단·훼손되는 것을 막기 위해 야생 동물이 지나는 길을 인공적으로 만든 것입니다. 도로 위를 횡단하는 육교형, 지하에 만드는 터널형, 도로나 철도를 따라 길게 설치되는 선형 등의 종류가 있습니다. 환경 선진국들에서는 도로 건설 시 생태 통로 건설을 의무화하고 있습니다.

우리나라에서도 1998년 지리산 시암재에 생태 통로가 최초로 건설되었습니다. 현재 우리나라에는 400개가 넘는 생태 통로가 있으며, 이것은 세계적인 수준입니다. 하지만 이 가운데 실제로 야생 동물들이 사용하는 것은 10분의 1정도밖에 안 된다는 보고도 있습니다. 단지 공사를 위한 평가를 받기 위해 형식적으로 만들었기 때문입니다.

생태 통로를 만들기 위해서는 주변 생태계와 야생 동물들의 생태 특성을 정확히 조사해야 합니다. 또 만든 후에는 실제로 동물들이 이용하고 있는지 조사하고 관리해야 합니다. 사람의 길과 동물의 길, 함께 만들어야 인간과 자연이 공존할 수 있습니다.